Inhaltsverzeichnis

		Seite
I.	Vorbemerkungen	2
II.	Muster eines Grundstücksübertragungsvertrages unter Nießbrauchsvorbehalt mit Belastungsübernahme und Widerrufsvorbehalt	3
III.	Erläuterungen und abweichende Vereinbarungen	10
IV.	Schrifttums-Hinweise	43

I. Vorbemerkungen

Grundstücksübertragungen unter Nießbrauchsvorbehalt waren schon immer eines der beliebtesten Gestaltungsmittel der v o r w e g g e n o m - m e n e n E r b f o l g e. Sie ermöglichen es, bereits zu Lebzeiten des Erblassers wesentliche Nachlaßgegenstände auf die dafür vorgesehenen Rechtsnachfolger zu übertragen, ohne daß die Nutzungen der Grundstücke dem Übertragenden entzogen würden. Durch die frühzeitige Übertragung kann außerdem unter Umständen Erbschaftsteuer eingespart werden.

Wenig geeignet ist die Übertragung unter Nießbrauchsvorbehalt, wenn übertragen werden soll, um Pflichtteilsansprüche zu mindern. Zwar bleiben gemäß § 2325 Abs. 3 BGB bei Berechnung eines Pflichtteilsergänzungsanspruchs diejenigen Schenkungen unberücksichtigt, bei denen zur Zeit des Erbfalles 10 Jahre seit der Leistung des verschenkten Gegenstandes verstrichen sind. Der BGH[1] nimmt jedoch keine Leistung im Sinne dieser Vorschrift an, wenn der Schenker sich den Nießbrauch vorbehält.

Die steuerliche Behandlung von Übertragungen unter Nießbrauchsvorbehalt war in den letzten Jahren häufig Gegenstand finanzgerichtlicher Entscheidungen sowie von Verwaltungserlassen. Das Schrifttum zu diesen Fragen nähert sich der Grenze des Unüberschaubaren. Wer sich heutzutage an Nießbrauchsverträge heranwagt, ohne zuvor die ertragsteuerlichen Auswirkungen geprüft zu haben und ohne diese zu berücksichtigen, der kann u. U. bei dem ersten Kontakt seines Vertrages mit dem Finanzamt ein böses Erwachen erleben. Dennoch sind Grundstücksübertragungen unter Nießbrauchsvorbehalt immer noch ein wichtiges Mittel der vorweggenommenen Erbfolge für die Fälle, in denen der Erwerber keine Aufwendungen auf den Grundbesitz erbringen soll, diese vielmehr in vollem Umfange dem Nießbraucher auferlegt werden können. Dem Benutzer dieses Werkes wird daher dringend angeraten, als erstes die Ausführungen zur Einkommensteuer (S. 19 ff.) zu lesen. Dort kann er feststellen, ob die Übertragung unter Nießbrauchsvorbehalt für seinen Fall das geeignete Mittel ist[2].

Nachfolgend wird zunächst ein Mustervertrag für eine Grundstücksübertragung wiedergegeben. Im Anschluß daran wird dieser Mustervertrag

---

1 NJW 1994 S. 1791; s. dazu auch Meyding, ZEV 1994 S. 202 ff.; Zur Berechnung des Pflichtteilsergänzungsanspruches s. *BGH*, NJW-RR 1990 S. 1158, DNotZ 1991 S. 902; *BGH*, NJW 1992 S. 2887, DNotZ 1993 S. 123; *BGH*, NJW 1992 S. 2888.
2 Zu Ersatzlösungen s. z. B. *Bühler*, BWNotZ 1985 S. 25 ff.

nebst seinen zivil- und steuerrechtlichen Auswirkungen erläutert, sowie die Frage erörtert, ob und inwieweit Abweichungen möglich und empfehlenswert sind.

II. Muster eines Grundstücksübertragungsvertrages unter Nießbrauchsvorbehalt mit Belastungsübernahme und Widerrufsvorbehalt

Verhandelt zu Solingen, den 10. April 1994

Vor dem unterzeichneten

 Notar Dr. Hans Schreiber

mit dem Amtssitz in Solingen

erschienen:

1. Herr Wilhelm Meyer, Kaufmann, geboren am 20. Mai 1920, wohnhaft in Solingen, Marktstraße 1,

2. der Sohn des zu 1. Erschienenen, Herr Ferdinand Meyer, Kaufmann, geboren am 2. August 1951, wohnhaft in Solingen, Kölner Straße 4.

Die Erschienenen sind dem Notar von Person bekannt.

Die Erschienenen ließen folgenden

Grundstücksübertragungsvertrag

beurkunden und erklärten:

A.

Herr Wilhelm Meyer ist Eigentümer des im Grundbuch des Amtsgerichts Solingen von Dorp Blatt 1750 verzeichneten Grundstücks Flur 11 Flurstück 125, Hof- und Gebäudefläche Dorper Straße 10, groß 4,25 ar. Das vorgenannte Grundstück ist in Abteilung II des Grundbuchs unbelastet. In Abteilung III sind folgende Belastungen eingetragen:

lfd. Nummer 1:
50 000 DM Grundschuld zugunsten der Stadtsparkasse Solingen nebst 18 % Zinsen p. a.

lfd. Nummer 2:
100 000 DM Hypothek zugunsten der Deutschen Hypothekenbank nebst 7 % Zinsen p. a.

Die Belastungen valutieren zur Zeit noch wie folgt:

a) Stadtsparkasse Solingen mit 50 000 DM.

b) Deutsche Hypothekenbank mit 50 000 DM.

B.

Dies vorausgeschickt, überträgt Herr Wilhelm Meyer im Wege der vorweggenommenen Erbfolge den vorgenannten Grundbesitz seinem dies annehmenden Sohn Ferdinand Meyer zu Alleineigentum.

C.

Der Erwerber übernimmt die vorgenannten Grundpfandrechte und die durch diese Grundpfandrechte gesicherten Verbindlichkeiten nach dem Inhalt der die Grundpfandrechte und die persönlichen Forderungen betreffenden (ihm bekannten) Urkunden mit Zinsen und allen sonstigen Nebenleistungen zur völligen Entlastung des bisherigen Schuldners vom Besitzübergangstage ab.

Soweit übernommene Verbindlichkeiten zusätzlich durch ein abstraktes Schuldanerkenntnis oder Schuldversprechen gesichert sind, übernimmt der Erwerber auch diese Verbindlichkeiten im Nennbetrag des jeweiligen Grundpfandrechts und seiner Nebenleistungen.

Die vorgenannten Verbindlichkeiten übernimmt der Erwerber als Selbstschuldner, und zwar dergestalt, daß jeder Gläubiger einen unmittelbaren Zahlungsanspruch erlangt, unabhängig davon, ob die bisherigen Schuldner aus der Schuldhaft freigegeben werden oder nicht. Wegen der übernommenen Zahlungsverpflichtungen unterwirft sich der Erwerber den jeweiligen Gläubigern gegenüber der sofortigen Zwangsvollstreckung aus dieser Urkunde in sein gesamtes Vermögen persönlich. Er bewilligt die Erteilung je einer vollstreckbaren Ausfertigung für den jeweiligen Forderungsberechtigten jederzeit und ohne Nachweis der die Fälligkeit der Forderung begründenden Tatsachen.

Einmalige Leistungen, die ein Gläubiger aus Anlaß der Schuldübernahme fordert, gehen zu Lasten des Erwerbers.

Herr Wilhelm Meyer tritt an den Erwerber die bei den übernommenen Grundpfandrechten durch Tilgung oder in sonstiger Weise entstandenen oder bis zur Eigentumsumschreibung im Grundbuch noch entstehenden Eigentümergrundschulden samt aller Nebenleistungen ab Entstehung ab.

Abgetreten werden ferner die Ansprüche auf Rückgewähr, Aufhebung und Verzicht, jeweils einschließlich aller zur Durchführung der Abtretung erforderlichen Hilfsansprüche.

Der Erwerber wird, auch unter Befreiung von den Beschränkungen des § 181 BGB, ermächtigt, über die abgetretenen Ansprüche im eigenen Namen zu verfügen und alle Erklärungen und Handlungen vorzunehmen, die zur Durchführung der Abtretung erforderlich sind.

Der Erwerber bzw. der jeweilige Grundstückseigentümer ist Herrn Wilhelm Meyer gegenüber verpflichtet, die übernommenen Grundpfandrechte löschen zu lassen, wenn und soweit sie sich mit dem Grundstückseigentum in einer Person vereinigt haben oder vereinigen werden oder, soweit es sich bei den übernommenen Belastungen um Hypotheken handelt, aus einem sonstigen Rechtsgrund dem Eigentümer zustehen. Die Eintragung einer entsprechenden Löschungsvormerkung wird bewilligt und beantragt.

Zur Klarstellung wird vermerkt, daß durch zuvor erfolgte Schuldübernahme die Verpflichtung des Nießbrauchers, im Innenverhältnis die Tilgungs- und Zinsleistungen für die übernommenen Verbindlichkeiten zu tragen, nicht berührt wird.

D.

Herr Wilhelm Meyer behält sich an dem übertragenen Grundbesitz den lebenslänglichen unentgeltlichen Nießbrauch vor. Im Rahmen dieses Nießbrauches wird vereinbart, daß der Nießbraucher sämtliche mit dem Grundbesitz zusammenhängenden Lasten und Aufwendungen wie ein Eigentümer zu tragen hat. Der Nießbraucher ist demnach insbesondere verpflichtet:

a) über den Rahmen des § 1041 BGB hinaus auch diejenigen Ausbesserungen und Erneuerungen zu tragen, die nicht zur gewöhnlichen Unterhaltung des Grundbesitzes gehören, wobei die Entscheidungsbefugnis darüber, welche Ausbesserungen und Erneuerungen vorgenommen werden, dem Nießbraucher zusteht;

b) auf die Dauer des Nießbrauchs über den Rahmen des § 1047 BGB hinaus auch diejenigen öffentlichen Lasten, die als auf den Stammwert des Grundbesitzes gelegt anzusehen sind, zu tragen;

c) auf die Dauer des Nießbrauchs die Tilgungsleistungen auf die durch die übernommenen Grundpfandrechte abgesicherten und an deren Stelle tretenden Verbindlichkeiten entsprechend dem derzeitigen Tilgungsplan zu tragen; diese Verpflichtung gilt auch für weitere Grundpfandrechte, die zukünftig mit Zustimmung des Nießbrauchers für solche Darlehen bestellt werden, die zur Verbesserung und/oder Renovierung des Grundbesitzes aufgenommen werden; eine Änderung von Tilgungsplänen und/oder die Ersetzung bestehender Verbindlichkeiten durch andere bedürfen der Zustimmung des Nießbrauchers. Eine Verpflichtung des Nießbrauchers, Zins- und/oder Tilgungsleistungen für solche Grundpfandrechte zu tragen, die ohne seine Zustimmung bestellt werden, wird ausdrücklich ausgeschlossen.

E.

Herr Wilhelm Meyer behält sich ferner das Recht vor, die Rückübertragung des hier übertragenen Grundbesitzes fordern zu können, wenn eine der nachgenannten Voraussetzungen vorliegt:

a) über das Vermögen des Erwerbers bzw. des jeweiligen Grundstückseigentümers ein Konkurs- oder Vergleichsverfahren eröffnet oder in den Grundbesitz die Zwangsvollstreckung betrieben wird;

b) der Erwerber sich groben Undanks schuldig macht, so daß ein Schenker gemäß § 530 BGB die Schenkung widerrufen kann;

c) Herr Wilhelm Meyer außerstande ist, seinen angemessenen Lebensunterhalt zu bestreiten oder die übrigen Voraussetzungen des § 528 BGB vorliegen;

d) der Erwerber ohne Hinterlassung von Abkömmlingen verstirbt oder bei Hinterlassung von Abkömmlingen diese nicht innerhalb eines Jahres nach dem Ableben des Erwerbers alleinige Eigentümer des hier übertragenen Grundbesitzes geworden sind, wobei zur Wahrung der Einjahresfrist die Beurkundung eines entsprechenden Übertragungsvertrages ausreicht (oder: der Erwerber vor dem Übertragenden verstirbt).

Im Falle der Ausübung des Rückübertragungsrechtes hat Herr Wilhelm Meyer diejenigen Grundpfandrechte nebst den durch diese Grundpfandrechte gesicherten persönlichen Verbindlichkeiten mit Zinsen und Nebenleistungen zur völligen Entlastung des Rückübertragungsverpflichteten als eigene Schuld zum Valutenstand des Tages der Rückübertragung zu übernehmen, hinsichtlich derer er entsprechend den Bestimmungen dieses Vertrages die Tilgungsleistungen zu tragen hat. Er hat sich anläßlich der Rückübertragung den Gläubigern gegenüber der sofortigen Zwangsvollstreckung aus der Rückübertragungsurkunde zu unterwerfen.

Soweit der Erwerber bzw. seine Erben Tilgungsleistungen auf die von dem Rückübertragungsberechtigten zu übernehmenden Verbindlichkeiten erbracht haben, die nach dem Inhalt dieses Vertrages der Nießbraucher zu leisten gehabt hätte, sind ihnen diese durch den Rückübertragungsberechtigten zu erstatten. Die Erstattung hat in ... gleichen Halbjahresraten, und zwar jeweils halbjährlich nachträglich (oder: im voraus) zu erfolgen. Der Zahlungsverpflichtete ist berechtigt, größere Teilzahlungen zu leisten. Eine Verzinsung des Erstattungsbetrages findet nicht statt (oder: Der jeweils geschuldete Restbetrag ist mit ... % p. a. zu verzinsen. Die Zinsen sind zusammen mit den halbjährlichen Tilgungsleistungen zu erbringen).

Sofern zur Zeit der Ausübung des Rückübertragungsrechtes solche Grundpfandrechte, hinsichtlich derer Herr Wilhelm Meyer nicht zur Erbringung der Tilgungsleistungen verpflichtet ist, mit Rang vor der nachbewilligten Auflassungsvormerkung im Grundbuch eingetragen sind, sind auch diese durch Herrn Wilhelm Meyer als dingliche Belastung zu übernehmen. Zur Übernahme der durch diese Grundpfandrechte gesicherten Verbindlichkeiten ist Herr Wilhelm Meyer jedoch nicht verpflichtet. Es verbleibt vielmehr bei der persönlichen Schuldhaft der Rückübertragungsverpflichteten.

Das Rückübertragungsrecht ist nicht vererblich und nicht übertragbar, es sei denn, daß in Ausübung des Rückübertragungsrechtes die Rückübertragung notariell beurkundet ist.

F.

Die Beteiligten sind sich darüber einig, daß das Eigentum an dem übertragenen Grundbesitz auf den Erwerber übergeht. Sie bewilligen und beantragen die Eintragung des Eigentumswechsels in das Grundbuch sowie die gleichzeitige Eintragung des Nießbrauchsrechtes für Herrn Wilhelm Meyer mit dem Inhalt, wie er unter D dieses Vertrages niedergelegt ist. Das Nießbrauchsrecht soll mit dem Vermerk eingetragen werden, daß zur Löschung der bloße Nachweis des Todes des Berechtigten genügen soll.

Zur Sicherung des bei Ausübung des Rückübertragungsrechtes bestehenden Anspruchs auf Rückauflassung bewilligen und beantragen wir die Eintragung einer Auflassungsvormerkung in das Grundbuch für Herrn Wilhelm Meyer.

Die Auflassungsvormerkung soll gleichrangig mit dem vorvereinbarten Nießbrauchsrecht eingetragen werden. Herr Wilhelm Meyer bevollmächtigt für seine Erben den jeweiligen Eigentümer des hier übertragenen Grundbesitzes, unter Vorlage einer Sterbeurkunde von Herrn Wilhelm Meyer die Löschung der zugunsten des Herrn Wilhelm Meyer eingetragenen Auflassungsvormerkung zu bewilligen.

G.

Weiter wird folgendes vereinbart:

1. Der Grundbesitz wird übertragen in seinem gegenwärtigen Zustand, ohne Gewähr für einen bestimmten Flächeninhalt sowie für die Freiheit von sichtbaren oder unsichtbaren Sachmängeln und von Baulasten.

2. Soweit Lasten und Beschränkungen in Abteilung II des Grundbuches eingetragen sind, werden diese nebst den zugrundeliegenden Verpflichtungen übernommen (ausgenommen die Rechte Abt. II lfd. Nrn. ..., deren Löschung hiermit beantragt wird).

Im Grundbuch nicht eingetragene Dienstbarkeiten sowie nachbarrechtliche Beschränkungen, die zu ihrer Entstehung der Zustimmung des betroffenen Eigentümers bedürfen, werden von dem Erwerber übernommen; solche sind dem Übertragenden nicht bekannt.

Im übrigen leistet der Übertragende dafür Gewähr, daß der Grundbesitz frei von allen nicht ausdrücklich übernommenen Belastungen und Beschränkungen übertragen wird.

3. Der Besitz und die Nutzungen, die Gefahr und die Lasten einschließlich aller Rechte und Pflichten aus den den Grundbesitz betreffenden Versicherungen gehen, vorbehaltlich der sich aus dem vorvereinbarten Nießbrauch ergebenden Abweichungen, mit dem heutigen Tage (oder: am ...) auf den Erwerber über.

4. Die mit dieser Urkunde und ihrer Durchführung verbundenen Notar- und Gerichtskosten einschließlich der Kosten der erforderlichen privaten und behördlichen Genehmigungen und Erklärungen sowie die (Grunderwerbsteuer und) Schenkungsteuer trägt der Erwerber.

Der zuletzt festgestellte Einheitswert des Grundbesitzes beträgt 700 000 DM. Den Verkehrswert schätzen wir auf 1 400 000 DM. Den Jahreswert des Nießbrauchs geben wir mit 70 000 DM an.

H.

1. Der Notar hat die Beteiligten auf die erforderlichen gerichtlichen und behördlichen Genehmigungen hingewiesen.

2. Alle etwa erforderlichen Genehmigungen bleiben vorbehalten. Der Notar wird beauftragt, diese Genehmigungen bzw. an deren Stelle Negativbescheinigungen herbeizuführen.

3. Wird eine behördliche oder gerichtliche Genehmigung versagt oder unter einer Auflage oder Bedingung erteilt, so ist der Bescheid den Betei-

ligten selbst zuzustellen. Eine Abschrift wird an den Notar erbeten. Im übrigen sollen alle Genehmigungen und Erklärungen mit ihrem Eingang bei dem Notar allen Beteiligten gegenüber unmittelbar wirksam werden.

I.

1. Die Beteiligten wurden darauf hingewiesen, daß gegenüber der Steuerbehörde der Übertragende wie der Erwerber für die den Grundbesitz treffenden Steuern, (die Grunderwerbsteuer und) die Schenkungsteuer insoweit als Gesamtschuldner haften, als die Steuergesetze es vorschreiben.

2. Den Beteiligten ist bekannt, daß das Eigentum erst mit der Umschreibung im Grundbuch übergeht, daß bis dahin die Rechte des Erwerbers beeinträchtigt werden können, und daß vor der Umschreibung alle erforderlichen behördlichen Genehmigungen und die Unbedenklichkeitsbescheinigung des Finanzamtes vorliegen müssen.

Der Erwerber wurde darauf hingewiesen, daß sein Anspruch auf Eigentumsübertragung durch Eintragung einer Vormerkung in das Grundbuch gesichert werden kann. Nach Belehrung verzichtet der Erwerber auf die Eintragung einer derartigen Vormerkung (oder: Die Eintragung einer derartigen Vormerkung sowie deren Löschung nach Eigentumsumschreibung werden bewilligt und beantragt).

3. Die Beteiligten stimmen der Löschung aller in den Abteilungen II und III des Grundbuches eingetragenen nicht übernommenen Rechte zu und beantragen diese.

4. Der Notar ist berechtigt, Anträge aus dieser Urkunde getrennt und eingeschränkt zu stellen und sie in gleicher Weise zurückzunehmen.

5. Der Notar hat den Grundbuchinhalt feststellen lassen am ... (oder: Der Notar hat den Grundbuchinhalt vor der Beurkundung nicht feststellen lassen. Ihm lag lediglich ein (un)beglaubigter Grundbuchauszug vom ... vor. Nach Belehrung wünschten die Beteiligten dennoch die sofortige Beurkundung dieses Vertrages).

Diese Niederschrift wurde (in Gegenwart des Notars, oder von dem Notar) den Beteiligten vorgelesen, von ihnen genehmigt und eigenhändig wie folgt unterschrieben:

gez. Wilhelm Meyer   gez. Ferdinand Meyer
                           gez. Dr. Schreiber, Notar

III. Erläuterungen und abweichende Vereinbarungen

Nachfolgend sollen die einzelnen Unterabschnitte des Mustervertrages, soweit erforderlich, erläutert werden. Gleichzeitig werden weitgehend die zivil- und steuerrechtlichen Folgen der einzelnen vertraglichen Bestimmungen dargestellt und Formulierungsvorschläge für Varianten gegeben, sowie für den Fall, daß ein Erwerber minderjährig ist.

Gemäß § 313 BGB bedarf ein Vertrag, durch den sich der eine Teil verpflichtet, das Eigentum an einem Grundstück zu übertragen oder zu erwerben, der n o t a r i e l l e n B e u r k u n d u n g. Beurkundungspflichtig ist der gesamte Vertrag, also alle Abreden, die die Vertragspartner als Teil des Vertrages, also als zu dem Vertrag in innerem Zusammenhang stehend, angesehen haben[3]. Die Nichtaufnahme einzelner Abreden führt nur dann nicht zur Nichtigkeit des gesamten Vertrages (entsprechend § 139 BGB), wenn die Parteien auch ohne diese Abrede den Vertrag geschlossen hätten. Der Mangel der Form des § 313 BGB ist geheilt, wenn die Auflassung und die Eintragung in das Grundbuch erfolgt sind. Die Heilung erstreckt sich aber nur auf den Formmangel und nicht auf sonstige Mängel, wie z. B. eine fehlende vormundschaftsgerichtliche Genehmigung.

1. Zu Abschnitt A des Mustervertrages

Das zu übertragende Grundstück muß h i n r e i c h e n d b e s t i m m t b e z e i c h n e t werden. Handelt es sich um ein ganzes Grundstück, so genügt die Grundbuchbezeichnung[4]. Ein noch nicht vermessener Grundstücksteil muß in geeigneter Weise umschrieben werden.

Die Aufnahme des V a l u t e n s t a n d e s der übernommenen Verbindlichkeiten in die Urkunde steht in Zusammenhang mit der Zwangsvollstreckungsunterwerfung. Ist der Valutenstand genau angegeben, so genügt für eine wirksame Vollstreckungsunterwerfung in das gesamte Vermögen die in Abschnitt C enthaltene generelle Bezugnahme auf die übernommenen Zahlungsverpflichtungen. Sind die übernommenen Verbindlichkeiten samt Nebenleistungen nicht im einzelnen aufgeführt, so ist bei der Vollstreckungsunterwerfung ein bezifferter Betrag, eventuell auch der Nennbetrag der Grundpfandrechte, anzugeben. Einer erneuten Zwangsvollstreckungsunterwerfung in den Grundbesitz (dingliche Zwangsvoll-

---

3 RGZ 103 S. 297.
4 *BGH,* NJW 1969 S. 132.

streckungsunterwerfung) bedarf es nicht. Diese wird grundsätzlich bei der Bestellung der Grundpfandrechte in der Form erklärt, daß der jeweilige Eigentümer des Grundbesitzes der Zwangsvollstreckung unterworfen wird und wirkt durch ihre Eintragung in das Grundbuch auch späteren Eigentümern gegenüber.

2. Zu Abschnitt B des Mustervertrages

a) Ist der Übertragende verheiratet, und lebt er im gesetzlichen Güterstand der Zugewinngemeinschaft, so ist § 1365 BGB zu beachten. Stellt der zu übertragende Grundbesitz das wesentliche Vermögen i. S. dieser Bestimmung dar, so bedarf die Übertragung der Zustimmung des Ehepartners.

b) Wird der Grundbesitz auf mehrere Erwerber übertragen, so können diese entweder in Bruchteilsgemeinschaft oder als Gemeinschaft zur gesamten Hand (OHG, KG, BGB-Gesellschaft, Gütergemeinschaft) erwerben, wobei allerdings bei einem unmittelbaren Erwerb durch eine Gesamthand die nachfolgend (S. 33) geschilderten schenkungsteuerlichen Probleme zu beachten sind. Die Angabe der Anteile der Berechtigten in Bruchteilen oder des für die Gemeinschaft maßgebenden Rechtsverhältnisses ist erforderlich (§ 47 der Grundbuchordnung [GBO]).

Wird der Grundbesitz auf mehrere Erwerber in Gesellschaft bürgerlichen Rechts übertragen, so entsteht nach Ausdehnung des § 313 BGB auch auf Erwerbsverpflichtungen die Frage, ob der Gesellschaftsvertrag der BGB-Gesellschaft der Beurkundung bedarf. Ist Zweck der Gesellschaft u. a. der Erwerb eines bestimmten Grundstücks, so ist die Beurkundungspflicht zu bejahen[5]. Um allen Zweifelsfragen über den Umfang der Beurkundungspflicht aus dem Wege zu gehen, empfiehlt es sich, dem Übertragungsvertrag einen Gesellschaftsvertrag voranzustellen, in dem zumindest folgende Punkte geregelt werden:

Zweck der Gesellschaft: z. B. der Erwerb, das Halten und Verwalten des Grundbesitzes etc.[6] Dauer der Gesellschaft (siehe §§ 723, 724 BGB).

Möglichkeit der Ausschließung eines Gesellschafters bei Konkurs, Vergleich, Zwangsvollstreckung in die Gesellschaftsbeteiligung etc., damit der

---

[5] Siehe dazu im einzelnen *Petzoldt,* BB 1975 S. 905 ff.
[6] Die Frage, ob eine BGB-Gesellschaft lediglich zum Zwecke des Haltens und Verwaltens von Grundbesitz gegründet werden kann, wird entgegen *OLG Düsseldorf,* 14. 3. 1973, DNotZ 1973 S. 91, BB 1973 S. 1325, bejaht von *BGH,* DB 1982 S. 109; s. a. *Petzoldt,* BB 1973 S. 1332, DNotZ 1973 S. 92.

Grundbesitz nicht versteigert werden muß, wenn ein Gesellschafter illiquide wird, sondern den übrigen Gesellschaftern gegen Zahlung einer Abfindung verbleibt.

Fortsetzung der Gesellschaft beim Ableben eines Gesellschafters mit dessen Erben, da ansonsten der Tod eines Gesellschafters die Auflösung zur Folge hat.

3. Zu Abschnitt C des Mustervertrages

Ist der übertragene Grundbesitz mit G r u n d p f a n d r e c h t e n belastet, so ist zu regeln, was mit diesen Grundpfandrechten geschieht. Sind sie valutiert, und sollen sie nicht anläßlich der Übertragung des Grundbesitzes abgelöst werden, so muß der Erwerber sie übernehmen. Meist muß er auch im Außenverhältnis die persönlichen Verbindlichkeiten, die durch die Grundpfandrechte abgesichert sind, übernehmen, um zu vermeiden, daß den Gläubigern ein Kündigungsrecht zusteht. In vielen Darlehnsverträgen behalten sich nämlich die Finanzierungsinstitute ein außergewöhnliches Kündigungsrecht vor für den Fall, daß der jeweilige Erwerber des Grundbesitzes nicht auch die persönliche Schuldhaft übernimmt und sich der sofortigen Zwangsvollstreckung in sein gesamtes Vermögen unterwirft. Aus diesem Grund und auch im Hinblick auf die persönliche Zahlungsverpflichtung des Erwerbers nach Beendigung des Nießbrauchs ist im Mustervertrag trotz der Verpflichtung des Nießbrauchers zur Tragung der Zins- und Tilgungsleistungen die Übernahme der persönlichen Schuldhaft (nebst Zwangsvollstreckungsunterwerfung) durch den Erwerber enthalten.

Durch die Abtretung der durch Tilgung etc. entstandenen Eigentümergrundschulden sowie der Ansprüche auf Rückgewähr, Aufhebung und Verzicht (letztere Ansprüche sind bei Grundschulden von Bedeutung, da dort nicht kraft Gesetzes durch Tilgung der persönlichen Verbindlichkeit eine Eigentümergrundschuld entsteht) wird vermieden, daß der übertragene Grundbesitz auch nach der Übertragung noch mit Grundpfandrechten zugunsten der Übertragenden belastet ist. Wird diese Abtretung unterlassen, und ist der Erwerber nicht alleiniger Erbe der Übertragenden, so steht den Erben unter Umständen, d. h. sofern sich nicht im Wege der unter Umständen ergänzenden Vertragsauslegung etwas anderes ergibt, in Höhe der Eigentümergrundschuld ein Anspruch gegen den Erwerber zu.

Verschiedentlich wird zugleich mit der Abtretung die Eintragung der Abtretung in das Grundbuch bewilligt und beantragt. Da jedoch eine derartige Eintragung in der Praxis nur äußerst selten vorgenommen wird, wird der Notar in der Urkunde angewiesen, die Eintragung der Abtretung nur auf ausdrückliche Anweisung des Erwerbers zu beantragen. Ich halte daher den hier gewählten Weg der Bevollmächtigung für günstiger. Er entspricht zumindest mehr den tatsächlichen Gegebenheiten.

Durch die Verpflichtung, die übernommenen Grundpfandrechte l ö s c h e n z u l a s s e n , wenn und soweit sie sich mit dem Grundstückseigentum in einer Person vereinigen... etc. (d. h. also, wenn die Darlehen getilgt sind und aus den Fremdgrundpfandrechten Eigentümergrundschulden geworden sind), und durch die Eintragung entsprechender Löschungsvormerkungen in das Grundbuch wird erreicht, daß die im Rang vor dem Nießbrauchsrecht stehenden Eigentümergrundschulden nicht erneut valutiert und an einen gutgläubigen Dritten abgetreten werden können. Zweck einer derartigen Vereinbarung ist es letztlich zu erreichen, daß das Nießbrauchsrecht im Range aufrückt und seine Gefährdung bei einer Zwangsversteigerung des Grundbesitzes gemindert wird.

Zu dem letzten Absatz des Abschnittes C siehe nachstehend unter 4 c.

4. Zu Abschnitt D des Mustervertrages

Hier sind zunächst der Begriff des Grundstücksnießbrauchs und seine zivil- und steuerrechtlichen Folgen zu schildern:

a) Begriff des Nießbrauchs

Nießbrauch ist das dingliche Recht, in bestimmtem Rahmen die Nutzungen aus dem belasteten Gegenstand zu ziehen. Als dingliches Recht, das dem Berechtigten die Nutzungen kraft eigenen originären Rechts zufallen läßt, ist das Nießbrauchsrecht zu unterscheiden von dem lediglich obligatorischen Nutzungsrecht. Letzteres begründet nur schuldrechtliche Ansprüche des Berechtigten gegen den Verpflichteten; es gibt dem Berechtigten lediglich einen Anspruch darauf, daß der Eigentümer die Nutzungen an ihn leistet oder die Nutzungsziehung durch ihn duldet.

Der Nießbrauch an Grundbesitz wird nach § 873 Abs. 1 BGB durch Einigung zwischen Eigentümer und Nießbrauchsberechtigtem und Eintragung des Nießbrauchs in das Grundbuch bestellt. Grundstücksübertragungen gegen Nießbrauchsvorbehalt erfordern also Einigungen über den Eigentumsübergang und über den Nießbrauch sowie die Eintragung beider Rechte in das Grundbuch. Gelegentlich sind die Beteiligten der Meinung, daß die Eintragung des Nießbrauchs in das Grundbuch in ihrem Falle nicht erforderlich sei. Hiervon kann aus Gründen der Sicherheit nur gewarnt werden. Der „Nießbrauchsberechtigte" ist nämlich in solchen Fällen nicht gegenüber Verfügungen des Erwerbers und vor allem nicht gegen Zwangsvollstreckungen gegen den Erwerber geschützt. Früher zusätzlich geltend gemachte steuerliche Bedenken gegenüber einem lediglich schuldrechtlichen Nießbrauch gelten heute dann nicht mehr, wenn der Berechtigte eine „gesicherte Rechtsposition" innehat (siehe im einzelnen unten e).

Keinen Unterschied kann es machen, ob, wie in dem Muster, der Übertragende sich den Nießbrauch „vorbehält" oder ob er ihm von dem Erwerber als „Gegenleistung eingeräumt" wird. Der Meinungsstreit darüber, ob die Bestellung eines Nießbrauchsrechtes an eigener Sache rechtlich zulässig ist[7], ist hier angesichts der nur unterschiedlichen Wortwahl müßig[8]. Eine Nießbrauchsbestellung durch den Eigentümer wäre jedenfalls durch ein rechtliches Interesse gedeckt.

Soll der Nießbrauch mehreren Personen als Gesamtberechtigten zustehen, (s. allerdings unten S. 25 zur steuerlichen Behandlung), so genügt allein die Angabe „als Gesamtberechtigte" nicht den Anforderungen des § 47 GBO. Es ist vielmehr ein das Rechtsverhältnis näher kennzeichnender Zusatz, wie etwa „als Gesamtberechtigte gem. § 428 BGB" erforderlich[9]. Verstirbt bei einem für mehrere Personen als Gesamtberechtigte gem. § 428 BGB bestellten Nießbrauch einer der Berechtigten, so bleibt das Nießbrauchsrecht, sofern es nicht befristet oder beschränkt ist, zugunsten der anderen Gesamtberechtigten ungeschmälert bestehen[10].

b) Verfügungsbefugnis

aa) Gesetzliche Regelung

Zu Verfügungen (also z. B. Veräußerungen und Belastungen) über den seinem Nießbrauch unterliegenden Grundbesitz ist der Nießbraucher grundsätzlich nicht berechtigt. Eine Erweiterung seiner Befugnisse dahin gehend mit dinglicher Wirkung (sogenannter Dispositionsnießbrauch) widerspricht dem Wesen des Nießbrauchs und dem Grundsatz der geschlossenen Zahl der Sachenrechte[11]. Bei einem Grundstücks-

---

7 Vgl. Mü-Ko/*Petzoldt*, § 1030 RdNr. 21.
8 Vgl. z. B. *LG Tübingen*, MittRhNotK 1971 S. 687.
9 *BGH*, NJW 1981 S. 176; s. a. *BGH*, NJW 1979 S. 421; wegen anderer Möglichkeiten bei mehreren Berechtigten s. Mü-Ko/*Petzoldt*, § 1030 RdNr. 15 ff.; DNotI-Report 11/1993 S. 1–3.
10 Vgl. Mü-Ko/Petzoldt, § 1030 RdNr. 17.
11 Vgl. Mü-Ko/Petzoldt, vor § 1030 RdNr. 4

nießbrauch hat allerdings gemäß § 1048 BGB der Nießbraucher das Recht, über das Inventar innerhalb der Grenzen einer ordnungsmäßigen Wirtschaft zu verfügen. Für die ausscheidenden Stücke hat er Ersatz zu schaffen. Die Ersatzstücke werden mit der Einverleibung in das Inventar Eigentum desjenigen, dem das Inventar gehört[12].

bb) Abweichende Vereinbarungen

Eine Verfügungsbefugnis kann jedoch dem Nießbraucher durch eine entsprechende rechtsgeschäftliche Vollmacht eingeräumt werden[13], die nicht Inhalt des Nießbrauchs ist. Der Bevollmächtigte verkauft dann jedoch nicht im eigenen Namen, sondern im Namen und für Rechnung des Vollmachtgebers. An dem Anspruch auf Zahlung des Kaufpreises setzt sich der Nießbrauch fort. Da der Kaufpreiszahlungsanspruch eine Forderung auf eine einmalige Leistung darstellt, fällt er nicht unter § 1076 BGB, denn § 1076 BGB erfaßt nur solche Forderungen, die kraft Rechtsgeschäftes dauernd Nutzungen abwerfen sollen[14]. Da es sich zudem um eine Forderung auf Leistung von verbrauchbaren Sachen handelt, erwirbt der Nießbraucher gemäß § 1075 Abs. 2 BGB mit der Zahlung des Kaufpreises das Eigentum mit voller Verfügungsgewalt an ihm. Gemäß §§ 1075 Abs. 2, 1067 BGB ist allerdings der Nießbraucher nach Beendigung des Nießbrauchs zu Wertersatz verpflichtet. § 1067 BGB ist jedoch abdingbar[15]. Dies ist aber dann nicht erforderlich, wenn der Eigentümer alleiniger Erbe des Nießbrauchers wird.

Wird dem Nießbraucher darüber hinaus die Befugnis eingeräumt, den Grundbesitz auch für eigene Rechnung zu verkaufen, so besteht die Gefahr, daß eine derartige Vereinbarung als ein unzulässiger Dispositionsnießbrauch angesehen wird. Insoweit ist daher Vorsicht geboten. Aus den obigen Ausführungen ergibt sich zudem, daß eine derartige Erweiterung der Vollmacht kaum nötig sein wird. Als zulässig ist eine derartige Vollmacht jedenfalls anzusehen[16].

Soll dem Übertragenden die Möglichkeit verbleiben, den Grundbesitz weiterhin mit Grundpfandrechten belasten und somit wirtschaftlich verwerten zu können, so läßt sich das auf zwei Wegen errei-

---

12 Vgl. Mü-Ko/Petzoldt, § 1048 RdNr. 5.
13 Vgl. Mü-Ko/Petzoldt, vor § 1030 RdNr. 4.
14 Vgl. Mü-Ko/Petzoldt, § 1076 RdNr. 2.
15 Vgl. Mü-Ko/Petzoldt, § 1067 RdNr. 7; aber str., a. M. *Staudinger-Jung*, § 1067 RdNr. 15; *Schön*, a.a.O., S. 288.
16 Vgl. Mü-Ko/Petzoldt, vor § 1030 RdNr. 4; *Soergel/Stürner* § 1030 RdNr. 19; zur Auslegung einer solchen Ermächtigung s. *BGH,* NJW 1982 S. 31.

chen: Einmal könnte der Schenker vor oder anläßlich der Übertragung für sich eine Grundschuld eintragen lassen, die er dann jederzeit, z. B. durch Abtretung an ein Kreditinstitut, verwerten kann. Infolge der Übernahme dieser Grundschuld durch den Erwerber mindert sich zunächst der steuerliche Wert der Schenkung, sofern der Grundschuld eine Verbindlichkeit zugrunde liegt. Tritt jedoch der Übertragende die Grundschuld nicht ab, bleibt diese also in seinem Vermögen, so fällt sie bei seinem Ableben in seinen Nachlaß. Selbst wenn man davon ausgeht, daß zumindest stillschweigend vereinbart ist, daß eine Tilgung der Grundschuld so lange nicht in Frage kommt, als diese nicht abgetreten wird, wäre das Erlöschen der persönlichen Schuld als steuerpflichtiger Erwerb anzusehen und gem. § 10 Abs. 3 ErbStG mit dem vollen Betrag steuerpflichtig[17].

Diese negative Wirkung läßt sich dadurch vermeiden, daß man dem Übertragenden unwiderruflich Vollmacht erteilt, den übertragenen Grundbesitz weiterhin mit Grundpfandrechten zu belasten. Eine solche Vollmacht ist jedenfalls dann unbedenklich, wenn eine Belastungsgrenze angegeben ist. Ein solcher Fall darf nicht ungünstiger behandelt werden, als wenn von vornherein für den Übertragenden eine Grundschuld in Höhe des angegebenen Betrages eingetragen worden wäre. Auch für die schenkungsteuerliche Wertberechnung ist die Vollmacht zunächst ohne Bedeutung. Sie ist im Zweifel wie eine aufschiebend bedingte Last zu behandeln, so daß ihr Wert gemäß § 6 des Bewertungsgesetzes (BewG) mit Null anzusetzen ist. Verstirbt der Bevollmächtigte, ohne von der Vollmacht Gebrauch gemacht zu haben, so ist infolge des Wegfalls der Vollmacht die aufschiebende Bedingung nicht eingetreten, was steuerlich nicht relevant ist. Zu beachten ist jedoch, daß die Rechtsprechung[18] den sich aus einem Belastungsvorbehalt ergebenden Einmal-Anspruch auf Eintragung eines Grundpfandrechtes für pfändbar hält.

c) Nutzungen und Lasten

aa) Gesetzliche Regelung

Der Nießbraucher ist berechtigt, entsprechend den Regeln einer ordnungsgemäßen Wirtschaft die Nutzungen der mit seinem Nießbrauch belasteten Grundstücke zu ziehen (§ 1030 Abs. 1 BGB). Das Recht erstreckt sich auf alle Arten von Nutzungen des § 100 BGB, also die natürlichen und juristischen Früchte und die sonstigen Gebrauchsvorteile.

---

17 Vgl. *Troll,* DStR 1970 S. 535.
18 *OLG Bremen,* NJW 1984 S. 2478; s. dazu auch *Dubischar,* NJW 1984 S. 2440 ff.

Zu den Früchten eines Grundstücks im Sinne des § 99 BGB gehören z. B. die Erzeugnisse und die sonstige Ausbeute, die aus dem Grundstück seiner Bestimmung gemäß gewonnen wird, wie die Kohle aus dem Bergwerk und der Sand aus der Sandgrube, sowie die Erträge, die das Grundstück vermöge eines Rechtsverhältnisses gewährt. Der Nießbraucher kann ein ertragbringendes Rechtsverhältnis begründen, z. B. das Grundstück vermieten[19], und er kann die Erträge ziehen, die ein schon bestehendes Rechtsverhältnis gewährt. Zu den dem Nießbraucher zustehenden sonstigen Gebrauchsvorteilen gehört z. B. das eigene Bewohnen des nießbrauchbelasteten Hausgrundstücks.

Bei übermäßiger Fruchtziehung erwirbt der Nießbraucher zwar das Eigentum an den gezogenen Früchten, ist jedoch gemäß § 1039 BGB zum Wertersatz verpflichtet.

Im übrigen ist der Nießbraucher zur Sacherhaltung und zur Aufrechterhaltung der bisherigen wirtschaftlichen Bestimmung der nießbrauchbelasteten Sache verpflichtet (§§ 1036 Abs. 2 und 1041 BGB), wobei ihn keine Ersatzpflicht für eine Wertminderung durch ordnungsmäßige Nutzung trifft (§ 1050 BGB). Gem. Abs. 1 des § 1037 BGB ist der Nießbraucher nicht berechtigt, die Sache umzugestalten oder wesentlich zu verändern. Nach Abs. 2 darf er Anlagen zur Gewinnung von Bodenbestandteilen errichten. Hieraus wird gefolgert, daß die Errichtung anderer Anlagen als der aufgeführten, z. B. von Gebäuden, nur dann zulässig ist, wenn dem Nießbraucher dies durch den Besteller bzw. den jeweiligen Eigentümer gestattet ist[20]. Errichtet der Nießbraucher in Ausübung des Nießbrauchs ein Gebäude, so wird dieses gem. § 95 Abs. 1 BGB kein Bestandteil des Grundstücks.

Die gewöhnlichen Lasten der seinem Recht unterliegenden Sachen hat der Nießbraucher aus eigenen Mitteln zu bestreiten (§§ 1041, 1047 BGB). Beim Grundstücksnießbrauch gehören dazu auch der Zinsendienst für Grundpfandrechte, die schon zur Zeit der Bestellung des Nießbrauchs auf dem Grundbesitz ruhten, nicht dagegen die Tilgungsleistungen. Außerordentliche Erhaltungskosten und Lasten, die als auf den Stammwert angelegt anzusehen sind, hat der Nießbraucher nicht zu tragen[21]. Hat er dennoch ohne entsprechende Verpflichtung außergewöhnliche Verwendun-

---

19 S. *BGH,* DNotZ 1990 S. 502.
20 Wegen der Einzelheiten s. *Staudinger/Jung,* § 1037 RdNr. 5; Mü-Ko/*Petzoldt,* § 1037 RdNr. 6.
21 S. *BGH,* NJW 1991 S. 837

gen gemacht, so kann er Ersatz entsprechend den Vorschriften der Geschäftsführung ohne Auftrag verlangen (§ 1049 BGB).

Im Mustervertrag ist die Rede von lebenslänglichem unentgeltlichem Nießbrauch. Die Unentgeltlichkeit bezieht sich lediglich darauf, daß der Nießbraucher für seinen Nießbrauch keine Gegenleistung zu erbringen hat. Die Eintragung eines lebenslänglichen unentgeltlichen Nießbrauchs besagt jedoch nicht, daß der Nießbraucher die privatrechtlichen Lasten des Grundstücks nicht zu tragen habe[22].

bb) Abweichende Vereinbarungen

Gemäß § 1030 Abs. 2 BGB kann der Nießbrauch durch den Ausschluß einzelner Nutzungen beschränkt oder nur zu einem Bruchteil oder an einem Anteil eines Miteigentümers bestellt werden, wohingegen die Bestellung nur an einzelnen Nutzungsarten nicht zulässig ist[23]. Ferner können das Nutzungsrecht und die Lastentragungspflicht des Nießbrauchers abweichend vom Gesetz geregelt werden. Der Mustervertrag enthält aus gutem Grunde eine vom Gesetz abweichende Regelung der Lastentragungspflicht. Aus einkommensteuerrechtlichen Gründen (s. dazu S. 23) sieht er vor, daß alle Lasten und Aufwendungen (mit bestimmten, dem Schutz des Nießbrauchers dienenden Einschränkungen) vom Nießbraucher zu tragen sind. Eine solche Vereinbarung kann durch Eintragung in das Grundbuch verdinglicht werden[24]. Darüber, inwieweit andere Abweichungen von dem zwischen Eigentümer und Nießbraucher bestehenden gesetzlichen Schuldverhältnis, die mit schuldrechtlicher Wirkung zweifelsfrei vereinbart werden können, auch mit dinglicher Wirkung ausgestattet werden können, gehen im Einzelfall die Meinungen auseinander[25]. Soweit verdinglicht werden kann, sollte dies im Interesse der Sicherheit der Beteiligten geschehen.

d) Sicherheit der Beteiligten gegen Beeinträchtigungen

Der nießbrauchbelastete Eigentümer ist dagegen geschützt, daß sein Eigentum durch Gläubiger des Nießbrauchers beeinträchtigt wird. Zwar kann das Nießbrauchsrecht als solches gepfändet werden[26]. Das bedeutet jedoch nicht, daß der Pfändungsgläubiger das Nießbrauchsrecht als un-

---

22 *BGH,* DNotZ 1974 S. 294.
23 Vgl. *Jansen/Jansen,* a.a.O., RdNr. 8.
24 *BayOLG,* MittBayNot 1985 S. 70, DNotZ 1986 S. 151.
25 Wegen der Einzelheiten s. Mü-Ko/*Petzoldt,* vor § 1030 RdNr. 13 ff.
26 So *BGH,* NJW 1974 S. 796 entgegen dem früher überwiegenden Schrifttum; s. im einz. Mü-Ko/*Petzoldt,* § 1059 RdNr. 12 ff.

übertragbares Recht verwerten könnte. Er kann es lediglich zum Zwecke der Befriedigung ausüben. Nach der Pfändung kann der Nießbraucher nicht mehr ohne Zustimmung des Pfändungsgläubigers den Nießbrauch (z. B. durch Verzicht) wirksam aufheben.

Wird durch das Verhalten des Nießbrauchers die Besorgnis einer erheblichen Verletzung der Rechte des Eigentümers begründet, so kann der Eigentümer gemäß § 1051 BGB Sicherheit verlangen. Ist der Nießbraucher zur Sicherheitsleistung rechtskräftig verurteilt, so kann der Eigentümer, wenn nicht rechtzeitig Sicherheit geleistet wird, verlangen, daß die Ausübung des Nießbrauchs für Rechnung des Nießbrauchers einem von dem Gericht zu bestellenden Verwalter übertragen wird (siehe im einzelnen § 1052 BGB).

Die Zwangsversteigerung eines nießbrauchbelasteten Grundstücks ist ohne Urteil gegen den Nießbraucher zulässig. Ist der Anspruch des die Zwangsversteigerung betreibenden Gläubigers ein dinglicher und geht er dem Nießbrauchsrecht im Range vor, so erlischt der Nießbrauch durch den Zuschlag. An seine Stelle tritt ein Anspruch auf Zahlung einer Geldrente aus dem übrigbleibenden Versteigerungserlös (§§ 91, 92 Zwangsversteigerungsgesetz [ZVG]). Ist der dingliche Anspruch nachrangig oder wird die Zwangsversteigerung wegen eines persönlichen Anspruchs betrieben, so bleibt das Nießbrauchsrecht bestehen und wird von der Zwangsversteigerung nicht berührt (§§ 44 Abs. 1, 53 ZVG).

e) Einkommensteuer

Die Grundstücksübertragung unter Nießbrauchsvorbehalt löst grundsätzlich keine Einkommensteuer aus. Ein einmaliger Vermögensanfall infolge Schenkung fällt unter keine Einkunftsart des Einkommensteuergesetzes. Lediglich wenn der übertragene Grundbesitz zum steuerlichen Betriebsvermögen des Schenkers gehört und mit der Schenkung dem Betriebsvermögen entnommen wird, entsteht ein sogenannter Entnahmegewinn im Sinne des § 16 des Einkommensteuergesetzes (EStG), der auch nicht durch Rückübertragung und Einlage des Grundstücks in das Betriebsvermögen rückgängig gemacht werden kann[27]. Die Entnahme des Grundstücks ist nach der Auffassung des Bundesfinanzhofs[28] mit dem Teilwert und nicht mit dem um den Wert des Nießbrauchs geminderten Grund-

---

27 *BFH,* 2. 8. 1983, BStBl. 1983 II S. 736.
28 28. 2. 1974, BStBl. 1974 II S. 481, BB 1974 S. 870; 2. 8. 1983, BStBl. 1983 II S. 735, BB 1983 S. 1905; *BFH,* 17. 9. 1992, BStBl. 1993 II S. 218; a. A. *Tiedtke,* BB 1984 S. 759 ff.

stückswert anzusetzen. Das Nießbrauchsrecht stellt nach der Auffassung des Bundesfinanzhofs ein neues, im privaten Bereich geschaffenes Wirtschaftsgut dar, das, soweit es betrieblich genutzt werden soll, durch Einlage Betriebsvermögen werden könne[29]. Nach dem heute maßgebenden Urt. des BFH v. 16. 12. 1988[30] erfolgt diese Einlage nicht zum Teilwert, sondern in Höhe der eigenen Aufwendungen, die der Vorbehaltsnießbraucher im Zusammenhang mit dem betrieblich genutzten Grundstück gehabt hat. Nach diesem Urt. ist auch ein beim Ableben des Nießbrauchers etwa noch vorhandener Restbuchwert nicht erfolgswirksam auszubuchen.

Eine Entnahme des Grundbesitzes liegt nicht vor, wenn der Nießbraucher, der weiterhin Unternehmer ist, wirtschaftlicher Eigentümer des Grundbesitzes bleibt[31]. Ein Entnahmegewinn wird auch dann vermieden, wenn Grundbesitz unentgeltlich auf einen Mitgesellschafter übertragen wird und Betriebsvermögen – ggfs. auch als Sonderbetriebsvermögen – bleibt[32], sofern der Erwerber – wozu er berechtigt ist – den Buchwert des mit dem Nießbrauch belasteten Grundbesitzes – ohne Abzug des Nießbrauchs – fortführt[33]. Zumindest unter nahen Angehörigen wird die Übertragung unter Nießbrauchsvorbehalt einkommensteuerlich weitgehend wie eine unentgeltliche behandelt.

Das zuvor zitierte BFH-Urteil vom 16. 1. 1980 kommt in dem zu entscheidenden Sachverhalt nicht zu einem abschließenden Ergebnis. Es erörtert vielmehr die verschiedenen rechtlichen Folgen, die je nach den tatsächlichen Modalitäten eintreten können. Das Urteil behandelt den Fall, daß ein aus einer Gesellschaft ausscheidender Vater seinem in der Gesellschaft verbleibenden Sohn das ihm allein gehörende und betrieblich genutzte Grundstück schenkweise unter Vorbehalt des Nießbrauchs überträgt. Der Bundesfinanzhof verneint eine Entnahme des Grundstückes bei dem Vater dann, wenn der Sohn vor dem Ausscheiden des Vaters aus der Gesellschaft entweder zivilrechtlicher oder wirtschaftlicher Eigentümer

---

29 *BFH*, 8. 12. 1983, BStBl. 1984 II. S. 202, BB 1984 S. 453; *BFH*, 18. 3. 1986, BStBl. 1986 II S. 713, BB 1986 S. 1631.
30 BStBl. 1989 II S. 763; s. dazu Anm. v. Paus, DStZ 1990 S. 309 f.; *BFH* v. 30. 11. 1989, *BFH*/NV 1991 S. 457.
31 *BFH*, 8. 3. 1977, BStBl. 1977 II S. 629, BB 1977 S. 929; *BFH*, 5. 5. 1983, BStBl. 1983 II S. 631.
32 Vgl. *BFH*, 31. 1. 1964, BStBl. 1964 III S. 240, BB 1964 S. 500; *BFH*, 28. 8. 1974, BStBl. 1975 II S. 166, BB 1975 S. 309; *BFH*, 18. 3. 1986, s. Fußn. 29.
33 BFH, 16. 1. 1980, BStBl. 1980 II S. 381 = FR 1980 S. 329 mit Anm. von *L. Schmidt*; *BFH*, 18. 3. 1986, s. Fußn. 29; s. a. *Söffing*, NWB F. 3 S. 6363 f.

des Grundbesitzes gewesen wäre. Fraglich ist ferner, ob für den Fall, daß der vorbehaltene Nießbrauch Privatvermögen wird, eine Entnahme des Nießbrauchs anzunehmen ist. Das BFH-Urt. v. 16. 1. 1980 erwähnt dieses Problem nicht. Der Senat geht also offensichtlich davon aus, daß keine Entnahme des Nießbrauchs vorlag[34]. Die Frage ist aber noch nicht endgültig geklärt[35]. Man sollte daher vorerst Übertragungen von Betriebsgrundbesitz unter Nießbrauchsvorbehalt nur dann vornehmen, wenn der Nießbraucher Mitunternehmer bleibt.

Was im übrigen die einkommensteuerrechtliche Behandlung von Grundstücksübertragungen unter Nießbrauchsvorbehalt anbetrifft, so hat die Rechtsprechung der letzten Jahre für viel Unsicherheit gesorgt. Das steuerrechtliche Schrifttum hat sich den Nießbrauch zum Lieblingskind auserkoren. Eine auch nur einigermaßen erschöpfende Aufstellung des noch aktuellen Schrifttums würde mehrere Seiten dieser Broschüre füllen. Auf sie muß daher ebenso wie auf eine Auseinandersetzung mit den einzelnen Schrifttumsmeinungen verzichtet werden. Die durch die Rechtsprechung hervorgerufene Unsicherheit hat die Finanzverwaltung veranlaßt, in einem sog. Nießbraucherlaß in der Form eines Schreibens des BMF v. 23. 11. 1983[36] die von ihr gewünschte einkommensteuerrechtliche Behandlung des Nießbrauchs bei Einkünften aus Vermietung und Verpachtung und aus Kapitalvermögen zu schildern. Dieses Schreiben war kaum veröffentlicht, da wurden weitere Urteile des BFH publiziert, die in Widerspruch zu einigen Regelungen des Erlasses standen[37]. Die Finanzverwaltung sah sich daher veranlaßt, ihre Auffassung zu überprüfen. Das Ergebnis hiervon ist das Schreiben des BMF v. 15. 11. 1984[38]. Dieses wird nachfolgend als Nießbraucherlaß bezeichnet. Es hat weitgehend auch heute noch Gültigkeit. Die nachfolgende Darstellung beschränkt sich auf eine Wiedergabe der sich aus dem Nießbraucherlaß ergebenden Verwaltungsauffassung, der dort herangezogenen und der später veröffentlichten Rechtsprechung und auf die Schilderung der daraus zu ziehenden Folge-

---

34 S. auch *BFH*, 26. 2. 1976, BStBl. 1976 II S. 378, BB 1976 S. 775, StRK EStG §5 GewVerw. R. 34 mit Anm. von *Petzoldt;* auch *Jansen/Jansen,* a.a.O., RdNr. 213 verneinen eine Entnahme des Nutzungsrechts.
35 Zum Vorbehaltsnießbrauch an betrieblichem Grundbesitz s. a. *Barth,* DB 1987 S. 1162 ff.; *Brandenberg,* NWB F.3 S. 7233 ff.; ders. DB 1990 S. 1835 ff., *Wüllenkemper,* FR 1991 S. 101 ff.
36 BStBl. 1983 I S. 588 ff.; s. dazu *Petzoldt,* DNotZ 1984 S. 294 ff.
37 S. dazu *Petzoldt,* DNotZ 1985 S. 66 ff.; *Spiegelberger,* MittBayNot 1984 S. 231 ff.
38 BStBl. 1984 I S. 561 ff., s. dazu die einzelnen unter Abschnitt IV aufgeführten Darstellungen.

rungen, wobei der Nießbraucherlaß nachfolgend nach seinen Textziffern zitiert wird.

Der Nießbraucherlaß definiert (Tz. 36/37) zunächst den Begriff des Vorbehaltsnießbrauchs. Einen solchen nimmt er dann an, wenn bei der Übertragung eines Grundstücks gleichzeitig ein Nießbrauchsrecht für den bisherigen Eigentümer an dem übertragenen Grundstück bestellt wird. Bei einer Gestaltung wie in dem Muster des Abschnittes II liegt also zweifelsfrei ein Vorbehaltsnießbrauch vor. Sind Eheleute Eigentümer des zu übertragenden Grundbesitzes und behalten sie sich als Gesamtberechtigte gem. § 428 BGB den Nießbrauch vor, so handelt es sich so lange insgesamt um einen Vorbehaltsnießbrauch, wie beide Ehepartner leben. Nach Ableben eines Ehepartners steht der Nießbrauch dem Überlebenden ungeschmälert zu (s. o. S. 14), doch handelt es sich insoweit, als der überlebende Ehepartner nicht vor der Übertragung Eigentümer war, nicht mehr um einen Vorbehaltsnießbrauch. Entsprechendes gilt, wenn der Alleineigentümer Grundbesitz unter ‚Vorbehalt' des Nießbrauchs für sich und seinen Ehepartner überträgt. Die hier angeschnittenen Fragen sind insbesondere von Bedeutung für die Geltendmachung der AfA. Auf sie wird dort näher eingegangen.

Einem Vorbehaltsnießbraucher gleichgestellt ist der Schenker, der mit seinen Mitteln den Kauf eines von ihm im voraus bestimmten Grundstücks einem zu Beschenkenden ermöglicht und sich dabei ein Nießbrauchsrecht an dem Grundstück vorbehält[39] (sog. mittelbare Grundstücksschenkung). Etwas anderes gilt, wenn der Vorgang als Geldschenkung anzusehen ist.

Der Nießbraucherlaß stellt ferner (Tz. 38) unter Bezugnahme auf das BFH-Urt. v. 28. 7. 1981[40] klar, daß die Bestellung des Nießbrauchs auch dann, wenn bei einer Zusammenrechnung des Nießbrauchswertes und sonstiger Gegenleistungen sich bei wirtschaftlicher Betrachtung ein voll entgeltliches Geschäft ergeben würde, keine Gegenleistung des Erwerbers darstellt. Diese Auffassung ist wenig befriedigend. Der BFH hat jedoch an ihr festgehalten[41].

Nutzt der Vorbehaltsnießbraucher den Grundbesitz durch Vermietung oder Verpachtung, so erzielt er Einkünfte i. S. des § 21 Abs. 1 Nr. 1 EStG

---

39 *BFH*, 15. 5. 1990, BB 1991, S. 392; FG Rheinland-Pfalz, 4. 12. 1989, EFG 1990 S. 298.
40 BStBl. 1982 II S. 378, BB 1981 S. 1992.
41 10. 4. 1991, BStBl. 1991 II S. 791; 24. 4. 1991, BStBl. 1991 II S. 794. Das hinsichtlich einer Verpflichtung zur Errichtung eines Gebäudes und der Bestellung eines Wohnungsrechts abweichende Urt. v. 21. 2. 1991, BStBl. 1992 II S. 718 wird von der FinVerW abgelehnt, s. BStBl. 1992 I S. 522.

(zur Eigennutzung s.u. S. 28). Vermietet oder verpachtet der Nießbraucher den ihm zur Nutzung überlassenen Grundbesitz an eine Personengesellschaft, an der er selbst als Gesellschafter beteiligt ist, so werden ihm die Erträge des Nießbrauchs als Einkünfte aus Gewerbebetrieb zugerechnet[42].

Für die Zurechnung der Einkünfte beim Nießbraucher verlangt der Nießbraucherlaß (Tz. 39, 10), daß dem Nießbraucher die volle Besitz- und Verwaltungsbefugnis zusteht, daß er die Nutzungen tatsächlich zieht, und daß er das Grundstück in Besitz hat und verwaltet[43]. Hierzu gehört auch, daß der Nießbraucher als Vermieter auftritt und daß die Mietzahlungen an ihn erfolgen. Unter diesen Voraussetzungen wird auch ein Mietverhältnis anerkannt, das der Vorbehaltsnießbraucher mit dem Grundstückseigentümer eingeht. Nutzt der Grundstückseigentümer die gemieteten Räume für betriebliche Zwecke, so stellen die Mietzahlungen Betriebsausgaben dar, sofern sie der Höhe nach angemessen und nach dem Nutzungswert der gemieteten Räume bemessen sind[44]. Dies gilt auch für sonstige Grundstücksaufwendungen, die der Mieter neben dem Mietzins trägt, sofern hierdurch die Angemessenheit der Miete nicht überschritten wird.

Nach Tz. 40 des Nießbraucherlasses kann der Vorbehaltsnießbraucher die von ihm getragenen Aufwendungen auf das Grundstück als Werbungskosten abziehen, soweit er sie vertraglich übernommen hat. Sind keine besonderen vertraglichen Vereinbarungen getroffen, so stellen diejenigen Aufwendungen, die der Nießbraucher aufgrund des zwischen ihm und dem Eigentümer bestehenden gesetzlichen Schuldverhältnisses trägt, bei ihm Werbungskosten dar. Trägt der Nießbraucher darüber hinaus Aufwendungen, so kann er sie nur als Werbungskosten geltend machen, wenn er sich – ausdrücklich[45] – zur Tragung verpflichtet hat. Eine solche Vereinbarung ist in dem Mustervertrag enthalten. Sie empfiehlt sich schon deshalb,

---

42 *BFH,* 15. 9. 1971, BStBl. 1972 II S. 174, BB 1972 S. 160, DStR 1972 S. 89.
43 *BFH,* 6. 7. 1966, BStBl. 1966 III S. 584, BB 1967 S. 1073.
44 *BFH,* 5. 7. 1984, BStBl. 1986 II S. 322; *BFH,* 15. 5. 1986, *BFH*-NV 1986 S. 659; *BFH,* 15. 5. 1986, BStBl. 1986 II. S. 714, BB 1986 S. 1629.
45 S. a. *BFH* 9. 3. 1993, *BFH*-NV 1993 S. 594. Der *BFH,* 14. 11. 1989, BStBl. 1990 II S. 462, *BFH* 10. 7. 1990, *BFH*-NV 1991 S. 157, läßt mündliche Abreden auch dann ausreichen, wenn der Nießbrauch im Zusammenhang mit der Grundstücksschenkung notariell beurkundet wurde. S. ferner *FG Düsseldorf,* 2. 10. 1985, *EFG* 1986 S. 73; *BFH,* 28. 9. 1993, BStBl. 1994 II S. 319, wo der Werbungskostenabzug für solche Instandhaltungen zugelassen wird, zu denen der Nießbraucher zwar nicht verpflichtet ist, die er aber im eigenen Interesse ausführt; s. a. *BFH,* 14. 11. 1989, BStBl. 1990 II S. 462; 10. 4. 1991, *BFH*-NV 1991 S. 740.

weil sämtliche Grundstücksaufwendungen nur bei dem Nießbraucher, nicht aber bei dem Eigentümer als Werbungskosten geltend gemacht werden können.

Soweit der Eigentümer keine Erträge aus seinem Eigentum zieht, hat er auch keine Einkommensteuer zu zahlen. Nach früherer Auffassung konnte er jedoch unter Umständen zu negativen Einkünften aus Vermietung und Verpachtung gelangen, die er mit positiven Einkünften aus anderen Einkunftsarten verrechnen konnte. So wurden Aufwendungen, die der Eigentümer getragen hatte, obwohl sie der Nießbraucher hätte tragen müssen, als Werbungskosten angesehen, da diese Kosten als auf die in späteren Jahren zufließenden Einnahmen aufgewendet betrachtet wurden[46]. Demgegenüber lassen jetzt der Bundesfinanzhof[47] und die Finanzverwaltung (Tz. 44 des Nießbraucherlasses) bei dem Eigentümer keinen Werbungskostenabzug mehr zu. Dies wird damit begründet, daß dem Eigentümer keine Einnahmen aus dem nießbrauchbelasteten Grundbesitz zuzurechnen seien.

Zu den Werbungskosten gehören auch die A b s e t z u n g e n f ü r A b n u t z u n g (AfA). Diese ordnete die früher herrschende Meinung in Rechtsprechung und Literatur grundsätzlich dem Eigentümer zu, da der Nießbraucher im allgemeinen die gewöhnliche A b n u t z u n g wirtschaftlich nicht zu tragen habe. Eine Ausnahme wurde nur dann gemacht, wenn der Nießbraucher wirtschaftlicher Eigentümer des Grundbesitzes war. Demgegenüber kann nach heutiger Auffassung des BFH[48] und der Finanzverwaltung (Tz. 41 des Nießbraucherlasses) der Vorbehalts-Nießbraucher, der den belasteten Grundbesitz zur Erzielung von Einkünften aus Vermietung und Verpachtung nutzt, die AfA im gleichen Umfange, in dem er sie vorher als Eigentümer geltend machen konnte, in Anspruch nehmen. Es bedarf also heute keiner besonderen vertraglichen Vereinbarungen mehr, die das wirtschaftliche Eigentum beim Vorbehaltsnießbraucher belassen, um dem Vorbehaltsnießbraucher die AfA-Befugnis zu erhalten. Dies gilt auch für etwaige erhöhte Absetzungen[49]. Der Eigentümer kann während der Dauer des Nießbrauchs AfA auf das Gebäude nicht in Anspruch nehmen, und zwar auch dann nicht, wenn er

---

46 Vgl. *BFH,* 5. 7. 1957, BStBl. 1957 III S. 393, BB 1957 S. 1063.
47 13. 5. 1980, BStBl. 1981 II S. 299, BB 1980 S. 1564; 25. 2. 1992, *BFH*-NV 1992 S. 591; 26. 5. 1992, *BFH*-NV 1992 S. 738.
48 28. 7. 1981, BStBl. 1982 II S. 380, BB 1981 S. 1992; 27. 7. 1982, BStBl. 1983 II S. 6, BB 1982 S. 2090.
49 *BFH,* 7. 12. 1982, BStBl. 1983 II S. 627, BB 1983 S. 1196.

eigene zusätzliche Herstellungskosten aufgewendet hat (Tz. 44 des Nießbraucherlasses).

Zu beachten ist jedoch, daß die AfA-Befugnis nur dem Vorbehaltsnießbraucher zusteht. Vorbehaltsnießbraucher ist aber nur derjenige, der das Eigentum unter Vorbehalt des Nießbrauchs für sich übertragen hat (s. o. S. 22). In den Fällen, in denen nur ein Ehegatte Eigentümer des übertragenen Grundbesitzes ist, der Nießbrauch anläßlich der Übertragung aber für beide Ehegatten eingeräumt wird, kann demnach nur der übertragende Ehegatte, nicht hingegen auch derjenige, dem der Nießbrauch anteilig bei der Übertragung zugewendet wird, AfA geltend machen[50].

Entsprechendes gilt für folgenden Sachverhalt: Ein Ehepartner überträgt seinen Grundbesitz auf die Kinder und behält sich den Nießbrauch vor. Es wird weiter zugunsten des anderen Ehepartners ein durch das Vorversterben des übertragenden Ehepartners aufschiebend bedingtes Nießbrauchsrecht vereinbart. Der übertragende Ehepartner verstirbt; der aufschiebend bedingte Nießbrauch wird wirksam. Nach Ableben desjenigen Ehegatten, der den Grundbesitz übertragen hat, ist die AfA auf die Dauer des nachfolgenden Nießbrauchs verloren[51]. Sie kann weder von dem Nießbraucher noch von dem Eigentümer geltend gemacht werden. Auch wenn bei der Übertragung des Grundbesitzes beide Elternteile Eigentümer waren und sich den Nießbrauch als Gesamtberechtigte gem. § 428 BGB vorbehalten haben, kann nach Ableben eines Elternteiles der Überlebende die AfA nur noch für denjenigen Teil des Grundbesitzes geltend machen, dessen Eigentümer er vor der Übertragung gewesen ist[52].

Die von den Beteiligten häufig nicht gesehenen negativen Folgen der zuvor geschilderten Rechtsprechung sind durch weitere Urteile teilweise gemildert, und zwar für den Fall, daß ein Ehepartner den Grundbesitz unter Vorbehalt des Nießbrauchs für beide Ehepartner als Gesamtberechtigte überträgt. Übt in diesem Fall der übertragende Ehepartner allein den Nießbrauch aus und werden ihm allein die Erträge und Aufwendungen zugerechnet, so ist der Nießbrauch nach den BFH-Urteilen v. 24. 9. 1985[53] und v. 18. 3. 1986[54] steuerrechtlich nur ihm gegenüber anzuerkennen. Er bleibt also auf die Dauer des Nießbrauchs AfA-befugt. Diese einschränkende Rechtsprechung löst allerdings nur einen Teil der Probleme. Ent-

---

50 *BFH*, 27. 7. 1982, s. Fußn. 48; v. 11. 10. 1983, BStBl. 1984 II S. 266, BB 1984 S. 659.
51 S. auch *Drenseck*, FR 1986 S. 99.
52 *BFH*, 16. 11. 1993, *BFH*-NV 1994 S. 539.
53 BStBl. 1986 II S. 12, BB 1986 S. 307; s. dazu *Brandenberg*, NWB F. 3 S. 6227 f.
54 BStBl. 1986 II S. 713, BB 1986 S. 1631; ähnlich *BFH*, 21. 7. 1988, BStBl. 1988 II S. 938.

sprechendes gilt für das Urteil des FG Baden-Württemberg v. 28. 6. 1984[55]. Dort war auch über den Fall zu entscheiden, daß der Alleineigentümer Grundbesitz gegen Vorbehalt des Nießbrauchs für sich und seinen Ehepartner als Gesamtberechtigte übertragen hatte, und daß der mitbegünstigte Ehepartner vor dem Übertragenden verstarb. Das FG hat hier dem übertragenden Ehepartner nach dem Tode seiner Gattin die AfA wieder in vollem Umfange zuerkannt.

Ob den zuvor geschilderten Problemen dadurch entgangen werden kann, daß eine Vertragsgestaltung gewählt wird, durch die der Nießbraucher zum wirtschaftlichen Eigentümer gemacht werden soll, ist zweifelhaft. Die Rechtsprechung des BFH zum wirtschaftlichen Eigentum des Nießbrauchers hatte sich zwar in den vergangenen Jahren etwas gelockert, wie z. B. das Urt. des BFH v. 8. 3. 1977[56] zeigt. Dieses Urt. wird jedoch von der heutigen Rechtsprechung als überholt bezeichnet[57]. Wirtschaftliches Eigentum des Vorbehaltsnießbrauchers wird nur noch dann angenommen, wenn sich seine rechtliche und tatsächliche Stellung gegenüber dem zivilrechtlichen Eigentümer des Grundstücks von der normalen Stellung eines Nießbrauchers so deutlich unterscheidet, daß er die tatsächliche Herrschaft über das nießbrauchbelastete Grundstück ausübt. Zu beachten ist ferner, daß in der Mehrzahl der Entscheidungen nur das wirtschaftliche Eigentum des Vorbehaltsnießbrauchers anerkannt wurde. Wirtschaftliches Eigentum des Zuwendungsnießbrauchers ist nur in ganz wenigen Ausnahmefällen bejaht worden. Wer also in den zuvor geschilderten Fällen den Verlust der AfA sicher vermeiden will, der muß andere Wege wählen, durch die ein Zuwendungsnießbrauch vermieden wird, wie z. B. die Vereinbarung einer Leibrente oder einer dauernden Last zugunsten desjenigen Ehegatten, der bei einer Übertragung unter Nießbrauchsvorbehalt als Zuwendungsnießbraucher behandelt würde. Diese Alternativen können hier in ihren steuerlichen Auswirkungen nicht dargestellt werden[58].

Erstreckt sich der Vorbehaltsnießbrauch nicht auf den gesamten Grundbesitz, sondern handelt es sich um einen Quotennießbrauch oder um einen Bruchteilsnießbrauch, so ist entsprechend Tz. 45, 24a des Nießbraucherlasses der Eigentümer insoweit zur Geltendmachung von Werbungskosten einschl. AfA berechtigt, als sein Grundbesitz nicht

---

55 EFG 1984 S. 603, rechtskräftig.
56 BStBl. 1977 II S. 629, BB 1977 S. 929; s. a. *Brandenberg,* Nießbrauch, a.a.O., RdNr. 173 ff.
57 S. z. B. *BFH,* 23. 1. 1987, *BFH*-NV 1987 S. 502; *BFH,* 24. 7. 1991, BStBl. 1991 II S. 909; s. a. Fußn. 65.
58 Sie sind jedoch steuerlich anerkannt, s. *BFH,* 3. 6. 1992, BStBl. 1993 II S. 23.

nießbrauchbelastet ist. Soweit der Nießbrauch reicht, kann nur der Nießbraucher Werbungskosten geltend machen.

Nach Erlöschen des Vorbehaltsnießbrauches stehen dem Eigentümer die AfA auf das gesamte Gebäude zu. Ist das Grundstück – wie im Mustervertrag – unentgeltlich unter Vorbehalt des Nießbrauchs übertragen worden, so ist das AfA-Volumen um die AfA zu kürzen, die der Vorbehaltsnießbraucher während des Bestehens des Vorbehaltsnießbrauchs in Anspruch genommen hat (Tz. 49 des Nießbraucherlasses). Für die Ermittlung der Bemessungsgrundlage für die AfA ist § 11 d EStDV maßgebend, d. h. der Eigentümer führt die AfA des Nießbrauchers fort[59].

Das Resümee der bisherigen Ausführungen ist: Beim Vorbehaltsnießbrauch kann die AfA nur durch den Vorbehaltsnießbraucher geltend gemacht werden. Der Nießbraucher ist auch allein derjenige, der sonstige Werbungskosten geltend machen kann. Der Ansatz von Werbungskosten gleich welcher Art beim Eigentümer ist ausgeschlossen, da dieser keine Einkünfte aus Vermietung und Verpachtung hat. Häufig aber ist die Interessenlage eine andere. In vielen Fällen ist, da die Erträgnisse des Grundbesitzes und auch das sonstige Einkommen der Übertragenden hierzu nicht ausreichen, gewünscht, daß die Aufwendungen auf den Grundbesitz wirtschaftlich zu Lasten des Eigentümers gehen, wobei selbstverständlich angestrebt wird, daß der Eigentümer diese Aufwendungen auch steuermindernd geltend machen kann.

Der sicherste Weg zu diesem Ziel ist die Übertragung gegen Vereinbarung einer Leibrente oder einer dauernden Last. Beide bergen jedoch auch ihre Probleme in sich, die hier allerdings nicht in den Einzelheiten behandelt werden können. Es wird daher im Schrifttum[60] im Rahmen des Vorbehaltsnießbrauchs folgende Ergänzung empfohlen: Der Nießbraucher hat sämtliche Grundstücksaufwendungen zu tragen. Der Erwerber wiederum verpflichtet sich zu laufenden Bargeldleistungen in Höhe des Aufwandes auf den Grundbesitz an den Nießbraucher. Diese Zahlungen sollen beim Eigentümer eine dauernde Last darstellen. Dauernde Lasten sind i. d. R. als Sonderausgaben abzugsfähig und fallen daher nicht unter das Verbot der Abzugsfähigkeit von Werbungskosten bei dem nießbrauchbelasteten Eigentümer. Ob dieser Weg noch gangbar ist, ist nach der Rspr. des X.

---

59 Wegen weiterer Fragen zur AfA-Fortführung s. *Brandenberg,* Nießbrauch, a.a.O., RdNr. 200; *Seithel,* Nießbrauch, a.a.O. S. 36.
60 *L. Schmidt,* FR 1983 S 511; *Brandenberg,* Nießbrauch, a.a.O. RdNr. 192 ff.; NWB F. 3 S. 5909, S. 6064; *Petzoldt,* DNotZ 1984 S. 311; *Winkeljohann,* a.a.O., S. 206 ff.

Senates des BFH zweifelhaft geworden[61]. Dieser[62] verneint die Abzugsfähigkeit von Versorgungsleistungen, die der Erwerber von Vermögen, das ihm unter Vorbehalt des Nießbrauchs übertragen worden ist, aus Anlaß der Übertragung dem Übergeber zugesagt hat, als dauernde Lasten. Im Urt. v. 25. 3. 1992[63] führt er dazu aus, daß die dauernde Last voraussetze, daß der Übernehmer des Vermögens Erträge erwirtschaftet und an den Übergeber weiterleite.

Die vorangegangenen Ausführungen betreffen den Fall, daß der Nießbraucher den übertragenen Grundbesitz in vollem Umfange fremd vermietet oder verpachtet. Soweit er den Grundbesitz selbst nutzt, ist die steuerliche Behandlung eine andere. Der Nießbraucherlaß (Tz. 39) ordnete hierzu noch an, daß der Nießbraucher, sofern er das Grundstück für eigene Wohnzwecke nutzt, den Nutzungswert nach § 21 Abs. 2 I. Altern. EStG zu versteuern habe, und daß, wenn im übrigen die Voraussetzungen dieser Vorschrift vorliegen, § 21 a EStG anzuwenden sei. Nun sind jedoch gem. § 52 Abs. 21 EStG § 21 Abs. 2 S. 1 und § 21 a letztmalig für den Veranlagungszeitraum 1986 anzuwenden. Nach der heutigen gesetzlichen Regelung ist der Nutzungswert der zu eigenen Wohnzwecken genutzten Wohnung, unabhängig davon, ob es sich um ein Ein- oder ein Mehrfamilienhaus handelt, nicht mehr als Einkünfte aus Vermietung und Verpachtung zu versteuern. Andererseits können für eine solche Wohnung auch keine Werbungskosten einschl. der AfA geltend gemacht werden. Statt dessen gewährt § 10 e EStG gewisse Vergünstigungen für den Fall der Neuanschaffung, die als Sonderausgaben berücksichtigt werden. Diese Neuregelung gilt auch für den Vorbehaltsnießbrauch. § 52 Abs. 21 EStG enthält jedoch eine Übergangsregelung für den Fall, daß bei einer Wohnung im eigenen Haus bei dem Stpfl. im Veranlagungszeitraum 1986 die Voraussetzungen für die Ermittlung des Nutzungswertes als Überschuß des Mietwertes über die Werbungskosten oder die Betriebsausgaben vorgelegen haben. Diese Übergangsregelung gestattet auf Zeit die weitere Anwendung des alten Rechtes. Unter diese Übergangsregelung fällt nach einhelliger Auffassung auch der Vorbehaltsnießbraucher[64]. Die Übergangsrege-

---

61 Das FG Münster verneint mit Urt. v. 24. 1. 1990, NWB F. 1, 1990, S. 218 die Abzugsfähigkeit als Sonderausgaben, wenn sich der Eigentümer gegenüber dem Nießbraucher verpflichtet hat, notwendige Reparaturen zu übernehmen.
62 *BFH,* 25. 3. 1992, BStBl. 1992 II S. 803; 14. 7. 1993, BStBl. 1994 II S. 19. Krit. zu diesen Urt. *Spiegelberger,* Vermögensnachfolge, RdNr. 106, ZEV 1994 S. 218.
63 S. Fußn. 62.
64 S. *Schmidt/Drenseck,* a.a.O. § 10 e Anm. 3 f. bb; *Stephan,* DB 1985 S. 1364 ff.; *Heidemann,* FR 1987 S. 132 ff.; *Richter,* NWB 1987 S. 2369 = F. 3 S. 6571.

lung gilt nach Auffassung der FinVerw jedoch nur für solche Übertragungen, die vor dem 31. 12. 1986 erfolgt sind. Ob der Vorbehaltsnießbraucher die Abzugsbeträge des § 10 e EStG in Anspruch nehmen kann, ist umstritten[65]. Diese Frage ist von Bedeutung bei der Übertragung solcher Objekte, die der Übertragende nach dem 31. 12. 1986 angeschafft hat. Die Entwicklung der Rechtsprechung hierzu bleibt abzuwarten.

Während es früher für die steuerliche Anerkennung von Nutzungsrechten – zumindest unter nahen Angehörigen – von großer Wichtigkeit war, daß sie grundbuchlich abgesichert wurden, wird heute durch die Rspr.[66] das lediglich obligatorische Nutzungsrecht weitgehend dem dinglichen gleichgestellt, sofern der Nutzende aufgrund einer gesicherten Rechtsposition nutzt. Dennoch kann schon aus Gründen der Sicherheit nicht empfohlen werden, auf die dingliche Absicherung des Nutzungsrechtes zu verzichten. Auch bestehen in der steuerlichen Behandlung einige u. U. gravierende Unterschiede, insbesondere bei einer Nutzung zu eigenen Wohnzwecken.

f) Vermögensteuer

aa) Gesetzliche Regelung

Der Vermögensteuer können sowohl der Eigentümer als auch der Nießbraucher unterliegen. Nach § 110 Abs. 1 Nr. 4 BewG gehört der Kapitalwert eines Nießbrauchsrechtes zum sonstigen Vermögen des Nießbrauchers. Beim Eigentümer ist dagegen vom Vermögen der kapitalisierte Wert des Nießbrauchs in Abzug zu bringen. Der Eigentümer muß demnach, ohne daß ihm Erträge zufließen, unter Umständen Vermögensteuer zahlen. Er kann auch von dem Nießbraucher keine Erstattung verlangen. Gemäß § 1047 BGB ist der Nießbraucher dem Eigentümer gegenüber zwar verpflichtet, für die Dauer seines Nießbrauchsrechtes die auf der Sache ruhenden öffentlichen Lasten zu tragen, jedoch gehört zu solchen

---

65 Verneinend z. B. *Schmidt/Drenseck* a.a.O. § 10 e Anm. 6 e; bejahend *Stephan* DB 1986 S. 1144; *Heidemann*, FR 1987 S. 139. Nach Abschn. 5 des Schreibens des BMF v. 25. 10. 1990, BStBl. 1990 I. S. 626 sind anspruchsberechtigt der bürgerlich-rechtliche Eigentümer oder der wirtschaftliche Eigentümer. Nach Abschn. 6 wird wirtschaftliches Eigentum durch dinglich oder schuldrechtlich begründete Nutzungsrechte i. d. R. nicht vermittelt, wobei auf die BFH-Urt. v. 5. 5. 1983, BStBl. 1983 II S. 631, und v. 8. 12. 1983, BStBl. 1984 II S. 202, hingewiesen wird; s. hierzu auch *Richter*, a.a.O. (Fußn. 64), S. 2369 f.
66 Grundlegend *BFH*, 29. 11. 1983, BStBl. 1984 II S. 366 ff.; S. 371 ff.; s. auch *BFH*, 16. 10. 1984. BStBl. 1985 II S. 390, BB 1985 S. 1244; *BFH*, 30. 7. 1985, BStBl. 1986 II S. 327, BB 1985 S. 2220; *BFH*, 11. 11. 1988, BStBl. 1989 II S. 872; s. dazu *Söffing*, NWB F. 3 S. 6169 ff.

öffentlichen Lasten nicht die Vermögensteuer, die eine persönliche Steuerschuld des Eigentümers ist[67]. Die Vermögensteuerbelastung des Eigentümers wächst im Laufe der Zeit, während die des Nießbrauchers sich ständig ermäßigt. Dies ist eine Folge der Koppelung des Kapitalisierungsfaktors des § 14 Abs. 1 BewG in Verbindung mit der Anlage 9 zu diesem Gesetz an das Alter des Berechtigten und der Festsetzung der Vermögensteuer im Abstand von jeweils drei Jahren nach den dann geltenden Stichtagswerten. Der Jahreswert des Nießbrauchs kann gem. § 16 BewG höchstens mit 10/186 des Steuerwertes des nießbrauchbelasteten Wirtschaftsgutes angesetzt werden, bei Grundbesitz also mit 10/186 des (i. d. R. 1,4fachen) Einheitswertes.

bb) Abweichende Vereinbarungen

Um eine Belastung des Eigentümers mit Vermögensteuer zu vermeiden, wird häufig vereinbart, daß der Nießbraucher während der Dauer seines Rechts die auf den Eigentümer entfallende Vermögensteuer übernimmt. Er wird damit jedoch nicht anstelle des Eigentümers Steuerschuldner, da Vereinbarungen über die Person des Steuerschuldners mit Wirkung gegenüber der Finanzverwaltung nicht möglich sind. Es entsteht vielmehr lediglich eine Verpflichtung des Nießbrauchers, den Eigentümer von seiner Steuerschuld freizustellen.

Die früher gewährte Möglichkeit, gezahlte Vermögensteuer als Sonderausgaben geltend zu machen (§ 10 Abs. 1 Nr. 5 EStG 1974), ist im Einkommensteuergesetz ab 1975 nicht mehr enthalten. Der Bundesfinanzhof verneint auch die Abzugsfähigkeit als Werbungskosten, da die Vermögensteuer nicht erstattet werde, um Einnahmen zu sichern, zu erhalten oder zu erwerben, sondern weil solche Einnahmen erzielt worden seien[68]. Ausdrücklich offengelassen hat der Bundesfinanzhof in der vorgenannten Entscheidung jedoch die Möglichkeit, bei der Einkommensbesteuerung des Nießbrauchers die Erstattungsbeträge als dauernde Lasten im Sinne des § 10 Abs. 1 Nr. 1a EStG abzuziehen. Da dauernde Lasten der Höhe nach schwankende Geld- und Sachleistungen sind, die einem anderen gegenüber auf Grund einer rechtlichen Verpflichtung zu erbringen sind, können die Zahlungen des Nießbrauchers als dauernde Lasten angesehen werden[69]. Bei dem Bezieher handelt es sich dann um Einkünfte aus wiederkehrenden Bezügen[70]. Der Abzugsfähigkeit könnte z. B. bei Verträgen

---

67 Mü-Ko/*Petzoldt*, § 1047 RdNr. 13; *OLG Karlsruhe*, 23. 9. 1988, BB 1988 S. 2128; a. A. *Baums,* DB 1981 S. 355 ff.
68 *BFH,* 11. 7. 1969, BStBl. 1969 II S. 650, BB 1969 S. 1255.
69 So auch *Böger/Jech,* DStR 1970 S. 755.
70 S. *BFH,* 13. 3. 1974, BStBl. 1974 II S. 423, BB 1974 S. 821.

zwischen Eltern und Kindern das Abzugsverbot des § 12 Nr. 2 EStG entgegenstehen, das den Abzug von freiwilligen Zuwendungen und Zuwendungen an eine gegenüber dem Steuerpflichtigen oder seinem Ehegatten gesetzlich unterhaltsberechtigte Person oder deren Ehegatten auch dann verbietet, wenn diese Zuwendungen auf einer besonderen Vereinbarung beruhen. Bei der Erstattung der Vermögensteuer dürfte es sich jedoch zumindest dann, wenn die Erstattungspflicht des Nießbrauchers anläßlich der Übertragung vereinbart wird, nicht um eine Zuwendung i. S. § 12 Nr. 2 EStG handeln. Die Verpflichtung des Nießbrauchers ist vielmehr als Inhalt des – über den gesetzlichen Rahmen hinaus erweiterten – Nießbrauchsrechtes anzusehen. Dementsprechend hat der BFH[71] auch für die Erbschaftsteuer entschieden, daß dann, wenn bei einem Nießbrauchsvermächtnis angeordnet ist, daß der Nießbraucher dem durch das Vermächtnis Beschwerten die Vermögensteuer zu erstatten habe, weder ein Untervermächtnis noch ein sonstiger Erwerb von Todes vorliege, daß die Anordnung vielmehr nur den Inhalt des Nießbrauchs bestimme.

g) Schenkungsteuer

Hinsichtlich der schenkungstl. Behandlung einer Übertragung unter Nießbrauchsvorbehalt ist § 25 Abs. 1 ErbStG zu beachten, der folgenden Wortlaut hat:

> „Der Erwerb von Vermögen, dessen Nutzungen dem Schenker oder dem Ehegatten des Erblassers (Schenkers) zustehen oder das mit einer Rentenverpflichtung oder mit der Verpflichtung zu sonstigen wiederkehrenden Leistungen zugunsten dieser Personen belastet ist, wird ohne Berücksichtigung dieser Belastungen besteuert. Die Steuer, die auf den Kapitalwert dieser Belastungen entfällt, ist jedoch bis zu deren Erlöschen zinslos zu stunden. Die gestundete Steuer kann auf Antrag des Erwerbers jederzeit mit ihrem Barwert nach § 12 Abs. 3 des BewG abgelöst werden."

Diese Vorschrift hat bisher ein bewegtes Leben geführt, dessen Ablauf nicht im einzelnen geschildert werden kann. Der BFH hat entschieden, daß sie bei gemischten Schenkungen nicht dazu führe, daß die innerhalb der gemischten Schenkung vereinbarte Gegenleistung nicht bereicherungsmindernd abgezogen werden könne. Generell anderer Auffassung war er zunächst hinsichtlich der bei einer Schenkung vereinbarten Auflage, der er bei Vorliegen der sonstigen Voraussetzungen des § 25 ErbStG die Abzugsfähigkeit versagte. Demgegenüber ließ die FinVerw auch bei einer Auflagenschenkung den steuermindernden Abzug der Auflage zu. Die heutige Rechtslage ist geprägt durch das Urt. des BFH v. 12. 4. 1989[72],

---

71 2. 12. 1981 II R 136/77, das Urt. des *FG Hamburg* v. 29. 7. 1977, EFG 1978 S. 130, bestätigend.
72 BStBl. 1989 II S. 524.

dem auch die FinVerw folgt. Der BFH stellt jetzt nicht mehr gemischte Schenkungen und Auflagenschenkungen generell gegenüber und behandelt beide unterschiedlich. Er behandelt vielmehr jetzt Auflagen insoweit wie Gegenleistungen bei der gemischten Schenkung, als sie in Leistungen des Empfängers der Schenkung bestehen, die diesem Aufwendungen im Sinne von Geld- oder Sachleistungen verursachen. Soweit es sich hingegen um Nutzungs- oder Duldungsauflagen handelt, lehnt der BFH deren Abzugsfähigkeit ab. Die Folge davon ist, daß wegen § 25 Abs. 1 ErbStG ein zugunsten des Übertragenden und/oder dessen Ehepartners vorbehaltener Nießbrauch sich nicht steuermindernd auswirkt. Abgezogen werden kann ein Nießbrauch nur dann, wenn er zugunsten anderer Personen vereinbart ist. Die Ermittlung des stpfl. Erwerbs erfolgt dann durch Abzug des Steuerwertes des Nießbrauches von dem Steuerwert des hingegebenen Gegenstandes (zu den Steuerwerten s. die Ausführungen zur Vermögensteuer).

Übernimmt der Erwerber weitere Belastungen, wie z. B. durch Grundpfandrechte abgesicherte Verbindlichkeiten, so ist im Hinblick auf das BFH-Urt. v. 6. 3. 1990[73] wegen der generellen Möglichkeit der Abzugsfähigkeit darauf zu achten, daß – wie im Mustervertrag – auch dann, wenn die Zins- und Tilgungsleistungen weiter durch den Nießbraucher erbracht werden, die Übernahme der Verbindlichkeiten bereits anläßlich der Übertragung erfolgt. Der BFH verneint sonst einen Zusammenhang mit der Grundstücksübertragung. Die Übernahme derartiger Verbindlichkeiten führt insoweit zu einer gemischten Schenkung. Die aus einer Gegenüberstellung der Verkehrswerte von Leistung und Gegenleistung sich ergebende unentgeltliche Bereicherung ist anteilig auf den Einheitswert zu übertragen[74]. Fraglich kann sein, wie zu verfahren ist, wenn der Nießbraucher auf die Dauer des Nießbrauchs verpflichtet ist, die Tilgungsleistungen auf die übernommenen Verbindlichkeiten zu erbringen. Gelegentlich wird vorgeschlagen, bei der Ermittlung des Verkehrswertes der Gegenleistung einen „Wahrscheinlichkeitsabschlag" zu machen[75]. Um eine aufschiebend bedingte Belastung i. S. des § 6 BewG, die erst nach Eintritt der Bedingung berücksichtigt wird, dürfte es sich nicht handeln, da die Übernahme sofort und unbedingt erfolgt und die Tilgungsvereinbarung im Rahmen des

---

[73] BFH-NV 1990 S. 809.
[74] *BFH*, 12. 12. 1979, BStBl. 1980 II S. 260, BB 1980 S. 1840; 21. 10. 1981, BStBl. 1982 II S. 83, BB 1982 S. 233; zur Steuerberechnung, falls gemischte Schenkung und eine abzugsfähige Auflage zusammentreffen, BStBl. 1993 I S. 1002.
[75] So *Streck/Schwedhelm,* DStR 1994 S. 1144, unter Bezugnahme auf Troll, ErbStG, § 10 Rz. 53.

Nießbrauchs getroffen ist. Nach Ansicht des Verfassers ist daher auch der „Wahrscheinlichkeitsabschlag" nicht gerechtfertigt. Die Tilgungsverpflichtung des Nießbrauchers führt vielmehr zu einer Wertminderung des – stl. nicht abzugsfähigen – Nießbrauchsrechtes (s. a. die Ausführungen oben S. 31 zur Übernahme der Vermögensteuer durch den Nießbraucher).

Ausgeführt ist die Grundstücksschenkung nach der heutigen Rspr. des BFH dann, wenn die Vertragspartner die für die Eintragung der Rechtsänderung in das Grundbuch erforderlichen Erklärungen in gehöriger Form abgegeben haben und der Beschenkte aufgrund dieser Erklärungen in der Lage ist, beim Grundbuchamt die Eintragung der Rechtsänderung zu beantragen. Die Einreichung des Antrages auf Eigentumsumschreibung zum Grundbuchamt ist nicht erforderlich[76]. Bei der Schenkung von Teilflächen ist davon auszugehen, daß die Schenkung erst vollzogen ist, wenn die Vermessung erfolgt ist und die Auflassung erklärt bzw. bei bereits im Übertragungsvertrag erklärter Auflassung die Identitätserklärung abgegeben ist. Nach dem BFH-Urt. v. 22. 9. 1982[77] steht es der Ausführung einer Grundstücksschenkung nicht entgegen, wenn der Schenker wirtschaftlicher Eigentümer bleibt (s. auch S. 35).

Behält der Alleineigentümer anläßlich der Übertragung den Nießbrauch nicht nur für sich allein, sondern auch für seinen Ehepartner vor, so ist die Einräumung des Nießbrauchs zugunsten des nicht übertragenden Ehepartners eine Schenkung des übertragenden Ehepartners entweder im Sinne des § 7 Abs. 1 Nr. 1 ErbStG oder des § 7 Abs. 1 Nr. 2 ErbStG. Ist die Ehefrau im Innenverhältnis zur Hälfte gesamtmitberechtigt und nach dem Ableben des Ehemannes allein berechtigt, so entsteht die Steuerpflicht für die Hälfte des Nießbrauchs mit dem Zeitpunkt der Nießbrauchsbestellung, für die übrige Hälfte mit dem Tod des Ehemannes. Infolge des hohen Ehegattenfreibetrages von 250 000 DM dürfte jedoch nur selten Schenkungssteuer anfallen (zur einkommensteuerlichen Seite s. jedoch oben S. 25 ff.). Wird dagegen der Ehefrau ein durch den Tod des Ehemannes aufschiebend bedingtes Nießbrauchsrecht eingeräumt, so entsteht die Steuerschuld in der Person der Ehefrau auch erst mit dem Eintritt der Bedingung zu dem dann zu errechnenden Kapitalwert.

Soll Grundbesitz auf mehrere Personen übertragen werden und wollen diese den Grundbesitz in Gesellschaft bürgerlichen Rechtes halten, so ist

---

[76] *BFH*, 14. 3. 1979, BStBl. 1979 II S. 642; *BFH*, 26. 9. 1990, BStBl. 1991 II. S. 320; wegen weiterer Einzelheiten s. *Petzoldt*, ErbStG, § 9 RdNr. 61 ff.
[77] BStBl. 1983 II S. 179.

zu beachten, daß nach dem BFH-Urt. v. 7.12.1988[78] auch eine Gesamthandsgesellschaft Erwerber sein kann. Der BFH hat dies – obwohl nicht entscheidungserheblich – auch für die BGB-Gesellschaft betont. Die Auswirkungen dieses Urteils sind noch nicht in den Einzelheiten geklärt. Es besteht jedoch die Gefahr, daß dann, wenn die Übertragung unmittelbar auf die Gesellschaft bürgerlichen Rechtes erfolgt, die Gesellschaft als Erwerber angesehen wird, mit der Folge, daß die StKl. IV mit einem Freibetrag von lediglich DM 3000,– und einer hohen Steuerprogression Anwendung findet. Man sollte daher den Grundbesitz zunächst auf die Erwerber in Bruchteilsgemeinschaft übertragen. Diese können ihn dann in eine BGB-Gesellschaft einbringen. Gelegentlich wird diskutiert[79], daß ein zeitlicher Abstand zwischen beiden Vorgängen liegen sollte. Wenn jedoch der Vertrag so gestaltet ist, daß die Erwerber ohne Zustimmung des Übertragenden jederzeit den Notar anweisen können, den Eigentumsumschreibungsantrag so zu stellen, daß eine Eintragung zu Bruchteilen erfolgt, können nach Auffassung des Verfassers der Übertragungsvertrag und der Einbringungsvertrag in einer Urkunde zusammengefaßt werden.

h) Grunderwerbsteuer

Im Musterfall fällt Grunderwerbsteuer schon deswegen nicht an, weil gemäß § 3 Nr. 6 GrEStG Übertragungen auf Personen, die mit dem Veräußerer in gerader Linie verwandt sind, sowie auf Stiefkinder grunderwerbsteuerfrei sind. Den Verwandten in gerader Linie sowie den Stiefkindern stehen deren Ehegatten gleich. Überhaupt schließen sich Schenkungsteuer und Grunderwerbsteuer grundsätzlich gegenseitig aus. Nach § 3 Nr. 2 Satz 2 GrEStG sind der Grundstückserwerb von Todes wegen und Grundstücksschenkungen unter Lebenden im Sinne des Erbschaftsteuer- und Schenkungsteuergesetzes von der Besteuerung ausgenommen, und zwar unabhängig davon, ob eine Schenkungsteuer tatsächlich erhoben wird. Trotzdem kann, wenn kein Befreiungstatbestand vorliegt, auch in Fällen einer Schenkung Grunderwerbsteuer entstehen, und zwar generell bei gemischten Schenkungen. Die Grunderwerbsteuer beträgt 2 % der Gegenleistung.

Zur Frage, ob der nach § 25 Abs. 1 ErbStG nicht bereicherungsmindernd abzugsfähige Nießbrauch auch Grunderwerbsteuer auslöst, hat das BVerfG[80] entschieden, daß Belastungen, die wegen Nichtabzugsfähigkeit

---

[78] BStBl. 1989 II S. 237.
[79] *Spiegelberger,* Vermögensnachfolge, Rz. 215.
[80] BStBl. 1984 II S. 608.

unmittelbar Bemessungsgrundlage für die SchenkSt sind, nicht noch einmal Bemessungsgrundlage für die Grunderwerbsteuer sein können. Dennoch gab es wegen der unterschiedlichen Bewertungsmethoden für den Nießbrauch im Schenkungsteuerrecht einerseits und im Grunderwerbsteuerrecht andererseits Fälle, in denen zur Grunderwerbsteuer veranlagt wurde. Dem ist der BFH mit Urt. v. 29. 1. 1992[81] entgegengetreten. Nach diesem Urt. bleibt ein nach § 25 ErbStG nicht abzugsfähiger Nießbrauch (nicht hingegen sonstige Gegenleistungen[82]) grunderwerbsteuerlich völlig außer Ansatz. Stellt der Nießbrauch eine grunderwerbsteuerliche Gegenleistung dar, so erfolgt die Berechnung nicht nach der relativ günstigen Vorschrift des § 16 BewG. Durch § 17 Abs. 3 Satz 2 BewG wird die Anwendung des § 16 für das Grunderwerbsteuerrecht ausgeschlossen. Für die Grunderwerbsteuer ist also der Nießbrauchswert anhand der tatsächlichen Jahreswerte zu berechnen.

5. Zu Abschnitt E des Mustervertrages

Häufig fühlen die übertragenden Eltern sich allein durch den Nießbrauchsvorbehalt nicht genügend gesichert, sondern wollen zusätzlich die Möglichkeit haben, erforderlichenfalls den Grundbesitz zurückverlangen zu können. Aus diesem Grunde ist in Abschnitt E des Mustervertrages eine derartige ausführliche R ü c k t r i t t s v e r e i n b a r u n g enthalten. Das Rücktrittsrecht beschränkt sich hier auf bestimmte Fälle. Die wichtigsten Rücktrittsgründe sind in dem Mustervertrag aufgeführt. Diese Aufzählung kann um weitere Rücktrittsgründe erweitert werden.

Gelegentlich wird auch ein f r e i e s W i d e r r u f s r e c h t vereinbart, das es dem Übertragenden ermöglicht, ohne Angabe und Nachweis von Gründen die Rückübertragung zu verlangen. Ein solches freies Widerrufsrecht ist nach h. A. zivilrechtlich zulässig. Entgegen im steuerlichen Schrifttum verschiedentlich erhobener Bedenken gegen ein freies Widerrufsrecht hat der BFH mit Urt. v. 13. 9. 1989[83] entschieden, daß ein freier Widerrufsvorbehalt und auch eine dem Zuwendenden durch den Zuwendungsempfänger erteilte Verfügungsvollmacht dem Vollzug der Schenkung und damit der Stpfl. der Zuwendung nicht entgegenstehen.

Durch die Eintragung einer Rückauflassungsvormerkung in das Grundbuch wird verhindert, daß der Erwerber durch Weiterveräußerung des Grundbesitzes o. ä. den Widerruf torpedieren kann. Entgegen der Ansicht

---

81 BStBl. 1992 II S. 420.
82 S. *OFD Nürnberg* v. 17. 2. 1994, S. 4505-66/St 43, DStR 1994 S. 543.
83 BStBl. 1989 II S. 1034.

des Landgerichts Zweibrücken[84], das bezüglich des Rücktrittsgrundes zu d) („der Erwerber ohne Hinterlassung von Abkömmlingen verstirbt ...") das Vorliegen eines vormerkungsfähigen Anspruchs unter Hinweis auf § 2301 Abs. 1 Satz 1 BGB verneint, ist auch dieser Rücktrittsgrund durch eine Auflassungsvormerkung absicherbar. Die Vereinbarung eines derartigen Rücktrittsrechtes stellt keine Schenkung dar, die unter der Bedingung erteilt wird, daß der Beschenkte den Schenker überlebt[85].

Zweckmäßig ist es zu regeln, welche Leistungen etc. anläßlich der Rückübertragung zu erbringen sind, insbesondere, was mit den Grundpfandrechten geschieht, die mit Rang vor der Rückauflassungsvormerkung eingetragen sind. Die Regelung des Mustervertrages enthält hierzu Vorschläge, die abänderungsfähig sind. Berücksichtigen sollte man jedoch bei solchen Änderungen, daß die Übertragenden Einfluß darauf haben, welche Grundpfandrechte Rang vor der zu ihren Gunsten eingetragenen Rückauflassungsvormerkung erhalten, und daß häufig trotz anderslautender Vereinbarungen aus wirtschaftlichen Gründen die Notwendigkeit der Übernahme von vorrangigen Belastungen besteht, da ansonsten eine Zwangsversteigerung des Grundbesitzes droht.

Der BGH hat mit Beschl. v. 26. 3. 1992[86] entschieden, daß bei der Auflassungsvormerkung ein Vermerk gemäß § 23 Abs. 2 GBO, daß zur Löschung der bloße Nachweis des Todes der Berechtigten genügen soll, nicht eingetragen werden könne. Diese Frage wird mit unterschiedlichen Ergebnissen diskutiert. Im Mustervertrag ist daher eine Löschungsvollmacht aufgenommen worden, die jedoch dann nicht angebracht ist, wenn der Rückübertragungsanspruch, sofern er von dem Übertragenden geltend gemacht aber noch nicht erfüllt ist, auf dessen Erben übergehen soll.

Steht der Rückübertragungsanspruch z. B. zwei Personen zu, so wird neben der Eintragung von zwei getrennten Auflassungsvormerkungen auch die Eintragung einer Auflassungsvormerkung für die Rücktrittsbe-

---

84 MittBayNot. 1972 S. 118.
85 Vgl. *LG Aschaffenburg*, RPfleger 1973 S. 426; *OLG Celle*, MittRhNotK 1976 S. 15; *BayOLG*, DNotZ 1985 S. 702; *Angermaier*, MittBayNot. 1973 S. 77 ff.; s. im übrigen zur Frage der Vormerkbarkeit des Rückauflassungsanspruches *BayOLG*, DNotZ 1978 S. 159; *LG Köln*, MittRhNotK 1978 S. 172; *LG Stuttgart*, BWNotZ 1978 S. 161; *OLG Hamm*, DNotZ 1978 S. 356; *OLG Zweibrücken*, MittRhNotK 1981 S. 107 = Rpfl. 1981 S. 189; *LG Köln*, MittRhNotK 1981 S. 237; *Kohler*, DNotZ 1989 S. 339 ff.
86 NJW 1992 S. 1683, DNotZ 1992 S. 569. S. dazu *Tiedtke*, DNotZ 1992 S. 539 ff. S. a. *BayOLG*, DNotZ 1990 S. 295; *BayOLG* Rpfl. 1990 S. 504; s. a. *OLG Köln*, Rpfleger 1994 S. 345, MittRhNotK 1994, 147, MittBayNot 1994, 331; *Rastätter*, BWNotZ 1994, 135 ff.; *Lülsdorf*, MittRhNotK 1994, 129 ff.; *Streuer*, Rpfleger 1994, 397 ff.

rechtigten als Gesamtgläubiger gem. § 428 BGB für möglich gehalten[87]. Das BayOLG[88] läßt für den Fall der sog. Alternativberechtigung, also den, daß ein Rückauflassungsanspruch zugunsten des Veräußerers für den Fall vereinbart wird, daß er den Erwerber überlebt, und daß weiterhin vereinbart wird, daß ein Dritter die Rückauflassung fordern kann, wenn der Veräußerer vor ihm verstirbt, er aber den Erwerber überlebt, die Absicherung nur durch zwei getrennte Vormerkungen zu. Es verlangt ferner dann zwei Auflassungsvormerkungen, wenn der Rückauflassungsanspruch mehreren Übertragenden zunächst gemeinschaftlich, nach Ableben eines von ihnen dem Überlebenden allein zustehen soll[89]. Eine Auflassungsvormerkung genügt dann, wenn auf den gesicherten Anspruch § 502 BGB oder § 513 BGB angewendet werden soll[90]. Ist dies der Fall, so kann der mehreren zustehende Anspruch nur im ganzen ausgeübt werden; ist er für einen Berechtigten erloschen oder übt einer von ihnen sein Recht nicht aus, so sind die übrigen berechtigt, den Anspruch im ganzen auszuüben.

Ist auf Grund eines vertraglich vorbehaltenen Rückforderungsrechtes (nicht ausreichend ist ein später vereinbartes) ein Geschenk wieder herausgegeben worden, so erlischt gemäß § 29 ErbStG die Steuer mit Wirkung für die Vergangenheit. Der Erwerber hat also einen Anspruch auf Erstattung der Steuer. Gemäß § 29 Abs. 2 ErbStG ist er jedoch für den Zeitraum, für den ihm die Nutzungen des zugewendeten Vermögens zugestanden haben, wie ein Nießbraucher zu behandeln; d. h. von seinem Erstattungsanspruch wird der Betrag abgezogen, den er zu zahlen gehabt hätte, wenn ihm lediglich der Nießbrauch zugewendet worden wäre. Bei einer Übertragung unter Vorbehalt des Vollnießbrauchs mindert sich daher der Erstattungsanspruch nicht, da dem Erwerber die Nutzungen nicht zugestanden haben.

§ 29 ErbStG stellt nicht darauf ab, daß ein Geschenk an den ursprünglichen Schenker zurückfällt. Er findet daher auch Anwendung, wenn Schenker lediglich der Ehemann war, während das Rückforderungsrecht beiden Eheleuten gemeinsam zusteht. In diesem Fall ist jedoch der anteilige Übergang auf die Ehefrau bei Ausübung des Rückforderungsrechts eine unentgeltliche Zuwendung des Ehemannes an die Ehefrau und unterliegt in diesem Zeitpunkt der Schenkungsteuer.

---

87 *BayOLG* 1964 S. 343; *OLG Zweibrücken,* MittRhNotK 1985, S. 122; allerdings streitig.
88 DNotZ 1985 S. 702; Rpfleger 1985 S. 55.
89 NJW-RR 1990 S. 662, DNotZ 1991 S. 892. S. dazu *Liedel,* DNotZ 1991 S. 855 ff.
90 *BayOLG,* Rpfl. 1993 S. 328; *LG Augsburg,* MittRheinNotK 1994 S. 172.

6. Zu Abschnitt G des Mustervertrages

Unter Nr. 4 ist geregelt, daß der Erwerber die Schenkungsteuer trägt. Übernimmt der Schenker vertraglich auch die Zahlung der Schenkungsteuer, oder legt er sie einer dritten Person auf, so wird der Erwerber dadurch gegenüber dem Finanzamt nicht von seiner Zahlungspflicht freigestellt. Als steuerpflichtiger Erwerb gilt in diesen Fällen gemäß § 10 Abs. 2 ErbStG der Betrag, der sich bei einer Zusammenrechnung des Erwerbs mit der aus ihm errechneten Steuer ergibt.

7. Zu Abschnitt I des Mustervertrages

Die Eintragung einer Auflassungsvormerkung dürfte in der Regel bei Verträgen zwischen Eltern und Kindern nicht erforderlich sein. Natürlich schützt sie die Kinder gegen anderweitige Verfügungen durch die Eltern. Doch ist gegen Zwangsmaßnahmen durch Dritte kein Schutz gewährt. Zwar hat der durch die Eintragung einer Auflassungsvormerkung Gesicherte in der Regel im Konkursverfahren ein Befriedigungsrecht, doch geht das Recht des Konkursverwalters auf Anfechtung der Schenkung vor.

8. Beteiligung Minderjähriger

Sind die Erwerber noch minderjährig, so entsteht die Frage, inwieweit sie durch ihre Eltern vertreten werden können, wenn beide Eltern oder nur einer von ihnen zugleich Vertragsgegner ist. Hier könnte die Bestimmung des § 181 BGB, die das sogenannte Selbstkontrahieren verbietet, entgegenstehen. Gleiches könnte gelten, wenn z. B. Großeltern Grundbesitz auf die Enkelkinder übertragen. Hier könnten die §§ 1795 Abs. 1, 1629 Abs. 2 BGB eine Vertretung durch die Eltern verbieten.

Ein beschränkt geschäftsfähiger Minderjähriger, der also das 7. Lebensjahr vollendet hat, bedarf gemäß § 107 BGB zu einer Willenserklärung, durch die er nicht lediglich einen rechtlichen Vorteil erlangt, der Einwilligung seines gesetzlichen Vertreters. Der beschränkt geschäftsfähige Minderjährige ist daher zum Abschluß des schuldrechtlichen Übertragungsvertrages mit seinen Eltern befugt, sofern dieser ihm lediglich einen rechtlichen Vorteil bringt. Man muß sich darüber im klaren sein, daß das Merkmal „rechtlicher Vorteil" nicht gerade klar umrissen ist. Nach herrschender Auffassung[91] berührt der Vorbehalt des Nießbrauchs bei einer Grund-

---

91 Vgl. *Palandt/Heinrichs*, § 107 RdNr. 4, Mü-Ko/*Petzoldt* vor § 1030 RdNr. 27.

stücksschenkung den rechtlichen Vorteil des Erwerbers nicht. Auch die Übernahme von Grundpfandrechten ist lediglich rechtlich vorteilhaft, sofern der Minderjährige nicht die persönliche Schuld übernimmt. Dies soll auch dann gelten, wenn die Grundpfandrechte den Wert des Grundbesitzes ausschöpfen oder sogar übersteigen[92]. Eine derartige Schuldübernahme wird aber häufig deswegen erforderlich sein, weil Finanzierungsinstitute sich vielfach ein außerordentliches Kündigungsrecht für den Fall vorbehalten, daß bei einer Übertragung des belasteten Grundbesitzes der Erwerber nicht auch die persönliche Schuldhaft übernimmt. Auch die schenkweise Übertragung eines vermieteten Grundstücks wird für den Erwerber als nicht lediglich rechtlich vorteilhaft angesehen[93]. Hieran ändert sich auch nichts dadurch, daß aufgrund des vorbehaltenen Nießbrauchs der Nießbraucher weiterhin Vermieter bleibt. Mit dem Ableben des Nießbrauchers ist der Eigentümer Vermieter.

Fraglich ist, ob der Widerrufsvorbehalt das Merkmal des rechtlichen Vorteils berührt. Unstreitig ist, daß eine vertragliche Berücksichtigung der gesetzlichen Widerrufsrechte (§§ 528, 530 BGB) unschädlich ist. Bei einer Erweiterung der Rücktrittsgründe gehen die Meinungen auseinander. In einem Fall, in dem etwa die gleichen Rücktrittsgründe vereinbart waren wie in dem Mustervertrag, haben das Landgericht Münster[94], das Landgericht Nürnberg-Fürth[95] und das Landgericht Wuppertal[96] den rechtlichen Vorteil bejaht. Gleicher Ansicht ist das Landgericht Bonn[97] sogar für den Fall, daß das Rücktrittsrecht ohne Angabe von Gründen ausgeübt werden kann. In einem anderen Fall, in dem allerdings statt eines Rücktrittsrechtes eine Verpflichtung zur Rückübertragung bei Vorliegen bestimmter Voraussetzungen vereinbart war, hat das Landgericht Bonn[98] den rechtlichen Vorteil verneint. Auch in dem dem Beschluß des Bayerischen Obersten Landesgerichts vom 22. 5. 1974[99] zugrundeliegenden Sachverhalt war die Beschenkte die schuldrechtliche Verpflichtung eingegangen, das Grundstück jederzeit und ohne Angabe von Gründen an den Schenker zu übertragen. Das Bayerische Oberste Landesgericht hat einen rechtlichen

---

92 *BayOLG*, Rpfl. 1979 S. 197; kritisch hierzu *Klüsener*, Rpfl. 1981 S. 261.
93 *OLG Oldenburg*, DNotZ 1989 S. 92; *Palandt/Heinrichs*, § 107 RdNr. 4; *Feller*, DNotZ 1989 S. 66 ff.
94 MittRhNotK 1974 S. 1.
95 MittBayNot 1981 S. 16.
96 MittRhNotK 1975 S. 1.
97 MittRhNotK 1974 S. 244; ebenso *LG Saarbrücken*, MittRheinNotK 1990 S. 109.
98 2. 4. 1974, MittRhNotK 1974 S. 115.
99 DNotZ 1975 S. 219.

Vorteil verneint, da die Haftung der Beschenkten sich nicht auf das ihr unentgeltlich Zugewendete beschränke, sie vielmehr nach allgemeinen Grundsätzen hafte. Auch das Landgericht Mönchengladbach verneint den rechtlichen Vorteil einer Rückübertragungsverpflichtung bei gleichzeitigem Verzicht auf Ersatz für bis dahin für den Grundbesitz erbrachte Leistungen[100].

Ergibt die Auslegung, daß der Vertrag dem Minderjährigen lediglich rechtliche Vorteile bringt, so kann der beschränkt geschäftsfähige Minderjährige den Verpflichtungsvertrag mit seinen Eltern schließen. Auch gilt in dem vorg. Fall das Verbot des Selbstkontrahierens für die Eltern nicht[101]. Nicht nur rechtlichen Vorteil bringt jedoch das Erfüllungsgeschäft, da damit der Anspruch auf die Leistung erlischt[102]. § 181 BGB steht jedoch der Zustimmung der übertragenden Eltern zur Entgegennahme der Auflassung durch das erwerbende Kind nicht entgegen, da die Auflassung in Erfüllung des Schenkungsversprechens erfolgt[103].

Formulierungsvorschlag:

„Die Beteiligten sind darüber einig, daß das Eigentum an dem übertragenen Grundbesitz auf den Erwerber übergeht. Die Eheleute ... stimmen zugleich als gesetzliche Vertreter des Erwerbers der Entgegennahme der Auflassung durch diesen zu. Die Eintragung des Eigentumswechsels in das Grundbuch wird bewilligt und beantragt."

Hat der Minderjährige das 7. Lebensjahr noch nicht vollendet, ist er also geschäftsunfähig, so bedurfte es nach früherer Rechtsauffassung bei Verträgen mit Eltern stets der Vertretung des Minderjährigen durch einen Pfleger. Nachdem aber der Bundesgerichtshof mit Urteil vom 27. 9. 1972[104] entschieden hat, daß das Verbot des Selbstkontrahierens nicht gilt, wenn das Rechtsgeschäft dem Vertretenen lediglich einen rechtlichen Vorteil bringt, sind dieselben Überlegungen anzustellen wie bei Verträgen mit beschränkt geschäftsfähigen Minderjährigen. Dasselbe gilt seit dem Beschluß des Bundesgerichtshofes vom 16. 4. 1975[105] für das Vertretungsverbot des § 1795 Abs. 1 BGB.

Bringt das Rechtsgeschäft dem Minderjährigen nicht nur rechtlichen Vorteil, so ist der Minderjährige beim Abschluß des Vertrages durch einen

---

100 DNotZ 1973 S. 698.
101 S. z. B. *BGH,* NJW 1985 S. 2407 m. w. N., s. dort auch zur Anfechtung wegen Gläubigerbenachteiligung.
102 Vgl. *Palandt/Heinrichs,* § 107 RdNr. 2 mit weiteren Nachweisen.
103 Vgl. BGHZ 15 S. 168.
104 BB 1973 S. 63, S. 398 m. Anm. von *Klamroth;* s. auch *Klamroth,* BB 1975 S. 526.
105 DNotZ 1975 S. 626.

Ergänzungspfleger zu vertreten (§ 1909 BGB). Zu beachten ist, daß nach dem Urteil des Bundesgerichtshofes vom 9. 7. 1980[106] die Übertragung von Wohnungseigentum zumindest dann, wenn in der Teilungserklärung o. ä. hinsichtlich des Gemeinschaftsverhältnisses der Wohnungseigentümer untereinander sowie hinsichtlich der Verwaltung des gemeinschaftlichen Eigentums die gesetzliche Ausgestaltung abändernde Bestimmungen getroffen sind, als nicht rechtlich vorteilhaft angesehen wird. Ob dies auch dann gilt, wenn für das Verhältnis der Wohnungseigentümer untereinander und für die Verwaltung die gesetzlichen Bestimmungen maßgebend sind, hat der Bundesgerichtshof ausdrücklich offengelassen.

Ob eine vormundschaftsgerichtliche Genehmigung erforderlich ist, bestimmt sich nach §§ 1821, 1822 BGB. Eine Genehmigung nach § 1821 Nr. 5 BGB („entgeltlicher Erwerb eines Grundstücks") dürfte in der Regel nicht erforderlich sein, da es sich hier um – wenn auch gemischte – Schenkungen handelt. Der Vorbehalt des Nießbrauchs allein führt nicht zur Genehmigungsbedürftigkeit, da nach einhelliger Ansicht der vorbehaltene Nießbrauch nicht als Verfügung über ein Grundstück durch den Minderjährigen im Sinne des § 1821 Abs. 1 Nr. 1 BGB angesehen wird[107].

Genehmigungspflichtig ist dagegen nach dem Beschluß des Landgerichts Bonn vom 2. 4. 1974[108] gemäß § 1821 Nr. 4 BGB die Übernahme der Verpflichtung, den geschenkten Grundbesitz beim Verstoß gegen ein vereinbartes Verfügungsverbot an den Schenker zurückzuübertragen. Auch wenn dem Schenker lediglich ein Rücktrittsrecht eingeräumt wird, sollte die vormundschaftsgerichtliche Genehmigung eingeholt werden[109].

Übernimmt ein Minderjähriger mit einem belasteten Grundbesitz die zugrundeliegenden Verbindlichkeiten gegenüber dem Gläubiger, so bedarf der Vertrag auch dann gemäß § 1822 Nr. 10 BGB der vormundschaftsgerichtlichen Genehmigung, wenn ein Dritter (der Nießbraucher) im Innenverhältnis die Verzinsung und Tilgung der Verbindlichkeit übernommen hat[110].

---

106 NJW 1981 S. 109.
107 S. z. B. *Winkler,* DNotZ 1974 S. 739/40.
108 MittRhNotK 1974 S. 115.
109 Vgl. *Winkler,* DNotZ 1974 S. 741/42; s. auch den von *Winkler* dort besprochenen Beschluß des *OLG Celle,* für den Fall, daß dem Schenker eine uneingeschränkte Verwertungsbefugnis eingeräumt und ihm im Zusammenhang damit eine unwiderrufliche Vollmacht erteilt wird.
110 *LG Nürnberg-Fürth,* MittRhNotK 1974 S. 287.

Ist die vormundschaftsgerichtliche Genehmigung erforderlich, und ist diese bei Vertragsabschluß noch nicht erteilt, so hängt nach § 1829 Abs. 1 Satz 1 BGB die Wirksamkeit des Vertrages von der nachträglichen Genehmigung des Vormundschaftsgerichts ab. Die Genehmigung sowie deren Verweigerung, die das Vormundschaftsgericht dem Pfleger oder dessen Bevollmächtigten gegenüber zu erklären hat, wird nach § 1829 Abs. 1 Satz 2 BGB dem anderen Teil, also dem Vertragsgegner gegenüber erst wirksam, wenn sie ihm durch den Pfleger mitgeteilt wird. Auf diese Mitteilung kann nicht verzichtet werden. Die Vereinbarung einer anderen Art des Wirksamwerdens der Genehmigung ist unwirksam. Es reicht also nicht aus, wenn in dem Vertrag lediglich bestimmt ist, daß die vormundschaftsgerichtliche Genehmigung mit ihrem Zugang bei dem Notar allen Beteiligten gegenüber wirksam werden soll. Möglich ist jedoch eine doppelseitige Bevollmächtigung des Notars dahin, daß er als Vertreter des Pflegers die Genehmigung sich selbst als Vertreter des Vertragsgegners mitteilen kann. Formulierungsvorschlag:

„Die vormundschaftsgerichtliche Genehmigung bleibt vorbehalten und wird hiermit beantragt. Der Pfleger bevollmächtigt den Notar, diese Genehmigung vom Vormundschaftsgericht für ihn in Empfang zu nehmen und sie den übrigen Vertragsbeteiligten mitzuteilen. Diese bevollmächtigen den Notar, diese Mitteilung für sie entgegenzunehmen. Das Wirksamwerden der vormundschaftsgerichtlichen Genehmigung soll durch die Erteilung einer den Genehmigungsbeschluß enthaltenden Ausfertigung oder beglaubigten Abschrift eintreten und nachgewiesen werden."

IV. Schrifttums-Hinweise

Brandenberg	Nießbrauch an Privatgrundstücken, Betriebsgrundstücken und Kapitalvermögen, 2. Aufl. 1985 (zitiert als Nießbrauch)
Heidemann	Gestaltungsmöglichkeiten bei Übertragung von Grundstücken des Privatvermögens auf Kinder nach dem 1.1.1987, FR 1987 S. 132 ff.
Jansen	Nießbrauch an Grundstücken und Kapitalvermögen, NWB F. 3 S. 8211 ff. = 1992 S. 679 ff.
Jansen/Jansen	Der Nießbrauch im Zivil- und Steuerrecht, 5. Aufl. 1993
Mittelbach/Richter	Nießbrauch, 8. Aufl. 1986
Mü-Ko	Münchener Kommentar zum BGB, 2. Aufl. zitiert Mü-Ko/Sachbearbeiter
Palandt	Kommentar zum BGB, 53. Aufl. 1994
Petzoldt	Steuerliche Aspekte bei Grundstücksübertragungen im Wege der vorweggenommenen Erbfolge, DNotZ 1972 S. 581 ff., mit Nachtrag DNotZ 1976 S. 133 ff.
	Erbschaft- und Schenkungsteuergesetz, Kommentar, 2. Aufl., 1986
	Der Nießbraucherlaß, DNotZ 1984 S. 294 ff.
	Der Nießbraucherlaß neuer Fassung, DNotZ 1985 S. 66 ff.
Roellenbleg	Ausgewählte Probleme der Grundstücksüberlassung in zivilrechtlicher und steuerlicher Hinsicht. DNotZ 1973 S. 708 ff.
Schmidt, L.	Einkommensteuergesetz, Komm., 13. Aufl. 1994
Schmitz	Übertragung privaten Grundvermögens unter Nießbrauchsvorbehalt in vorweggenommener Erbfolge, DStR 1993 S. 497 ff.
Schön	Der Nießbrauch an Sachen, 1992
Seithel	Einkommensteuerrechtliche Behandlung des Nießbrauchs und anderer Nutzungsrechte, 3. Aufl. 1985 (zitiert als Nießbrauch)
	Einkommensteuerrechtliche Behandlung des Nießbrauchs und obligatorischer Nutzungsrechte bei den Einkünften aus Vermietung und Verpachtung, BB 1985 S. 182 ff.
Söffing/Söffing	Schuldzinsenabzug bei Grundstücksübertragungen unter Nießbrauchsvorbehalt in vorweggenommener

	Erbfolge, DStR 1993 S. 1690 ff.
Soergel/Siebert	Kommentar zum BGB, 12. Aufl.
Spiegelberger	Der 2. Nießbraucherlaß, MittBayNotk 1984 S. 231 ff. Vermögensnachfolge, 1994 Vorbehaltsnießbrauch an Grundstücken des Privatvermögens, ZEV 1994 S. 214 ff.
Staudinger	Kommentar zum BGB, 13. Aufl.
Stephan	Der 2. Nießbraucherlaß, DB 1985 Beil. Nr. 3 zu Heft 6
Stuhrmann	Einkommensteuerrechtliche Behandlung des Nießbrauchs und obligatorischen Nutzungsrechts bei den Einkünften aus Vermietung und Verpachtung, DStR 1984 S. 741 ff.
Winkeljohann	Nießbrauch an privatem und betrieblichem Grundbesitz, 1987
Zehnthöfer	Nießbrauch, Wohnrecht und obligatorische Nutzungsrechte an privaten Grundstücken, FR 1985 S. 113 ff., 141 ff.